「地」的経営のすすめ

佐竹 隆幸
Takayuki Satake

神戸新聞総合出版センター

本書を、結婚30周年を記念して妻久美子・娘由希野に捧げる。
加えて、私にとってかけがえのない14期161名の佐竹ゼミ生にも捧げる。

はじめに

企業は営利を目的としています。儲けなければいけません。

このごろは「企業の社会的責任」「コンプライアンス」ということがしきりにいわれるものですから、なにやら社会貢献や法令遵守が企業の果たすべき最大の使命で、儲けるのは二の次三の次のこと、儲けに貪欲だと悪徳企業であるかのようなとらえかたもあります。けれど、儲けることは、もちろん悪ではありません。儲けなければ、社員の給料も払えませんし、そもそも会社を存続させられません。

企業はＮＰＯではありません。企業が利潤を最大にすべく努力をすることは、なんら恥ずべき行為ではない、当たり前の行為です。

儲けていいのです。いえ、儲けなければならないのです。

問題は、儲けかたです。

ひところ偽装表示が世間を騒がせましたが、こうしたルール違反をすれば、一時的には儲かるかもしれませんが、長続きはしません。社会から痛烈な非難を浴びて、やがて退場を余儀なくされます。信用を失墜してしまうからです。

きちんと世の中のルールに則って、儲ければいいのです。

とはいえ、儲けるのは、そう簡単ではありません。とくに厳しい経営環境のなか、きわめて難問です。

その答えを、ひとことでいいましょう。

まず隣の会社に儲けてもらうことです。

隣の会社が儲かるようにすれば、自分の会社も儲かるようになります。地元にこそ、儲けの源泉があるのです。

本書は企業、経営者の真の実像を汲みながら、「地」域を元気にするという視点からまとめたものです。

地域に根差した経営こそが、信用力創造につながります。目先の利益、つまり短期的な経費節減よりも、中・長期的に信用を築き強い企業づくりにつながるような経営に取り組んでいただきたいものです。

その具体的な方法を、すでにこれに取り組んで実績を上げている企業の事例によって紹介しています。

なるほど、そういうことかと納得いただけるはずです。

2012（平成24）年初春　著者

目次

【実践論】

地域になくてはならない企業へ

経営論

「地」的経営のすすめ

経営論◎「地」的経営のすすめ

隣の会社に儲けてもらう……。

なんだ、地域貢献か……と思われるかもしれません。

地域貢献というと、地域の催事に50万円寄付したとか、社員が朝30分早く出社して近隣の掃除をするといったことを想起されるかもしれません。それも立派な地域貢献ですが、すこし乱暴に言えば、こういうことはどうだっていいのです。

企業のいちばんの地域貢献は、何よりも雇用と納税です。地元の人を雇えば、当然、給料が支払われますから、所得税が地元に納められます。企業は、法人税も納めます。つまりは、地域の人と原材料を使って、地域におカネを落とす事業活動をする、これこそが地域貢献なのです。お隣さんから買った資材やノウハウを使って、稼ぐ。そうすれば、お隣さんも地域での雇用と納税が促進されることになります。この循環を広げていけばいいのです。

会社の品質を高めるのは社員の挨拶である

兵庫県商工会連合会の新人研修会に講師として呼ばれたときのことです。

新人の方から、「いい企業とはどういう企業ですか?」という質問がありました。

最近、いい企業の指標として「経営品質の高い企業」ということがよくいわれます。「経営品質」とは何かというと、「経営の質」です。わかったような、わからないような表現です。「経営品質のいい企業とはいったいどんな企業ですか。ひとことで言ってください」とかさねて問われました。

私は迷うことなく、「挨拶のできる企業です」と答えました。

私は仕事の関係でいろいろな企業を訪問します。「うちの会社はまとまりがなくて……」などということで行ってみると、従業員がソファで寝そべっていたり、私が通ると「何や、このおっさんは」という顔でにらまれたり、誰もこちらに反応してくれなかったりするわけです。

全国的には「日本経営品質賞」という経営品質の高い企業を表彰する制度があり、兵庫県には(公財)日本生産性本部が推進する「実効力ある経営」認証評価制度と連動する「ひょうご優良経営賞（旧「ひょうご経営革新賞」）という、経営革新も含めた経営品質の高い企業を表彰する制度があります。そういう企業に行きますと、必ず従業員のみなさんが「おはようございます」「いらっしゃいませ」「今日はご苦労さまです」と声をかけてくれます。従業員が生き生きしています。

挨拶ができるということで形容しましたが、経営品質の高い企業の従業員というのは、その企業に帰属していることを誇りに思っているということです。

誇りに思っているということはやる気がある、やる気があるということは生き生きしている、生き生きしているということは人に喜びを伝えることができる、人に喜びを伝えることができるということは挨拶ができることである……ということです。

人に喜びを伝えることができるような企業経営、企業運営、それが企業の経営品質を高めるのです。

コンプライアンスは経営品質を向上させる

従業員のモチベーションを高めるにはどうしたらいいのかといえば、自分の企業に従業員が誇りをもてるようにすることなのです。

日本の高度経済成長期を支えた終身雇用制や年功序列制といわれる日本型経営も誇りのもてる企業づくりに大きく作用しますが、企業に対する帰属意識、忠誠心、従業員間で培われる仲間意識……そういうものがベースになります。

日本人というのは、よくも悪くも「イエ（家）」という意識のなかに取り込まれています。何気なく使っていますが、日本人はひとつの組織に入ると、「うちの学校」「うちの会社」という言い方をします。「うち」は英語でいう「My」に当たります。アメリカでは「My」は「これは俺のものだ」という表現になるのであまり使わないそうですが、日本人は「私の」という意味で「うちの」という表現をよく使います。

それは忠誠心であり、仲間意識であり帰属意識の現われです。従業員がそうした意識をもつことができないような企業は、経営品質が高くはならないでしょう。

最近は、「コンプライアンス」ということが非常にクローズアップされています。「コンプライアンス」を単純に翻訳すると「法令遵守」です。法律さえ守っていれば基本的にはコンプライアンスを満たすことになりますが、日本の場合、単に法律を守っていればいいわけでなく、企業のモラルが問われる事象がたくさんあります。その＋α（プラスアルファ）が問われているわけです。

では、「コンプライアンスとは企業のモラルなのか？」ということになります。

企業は最大の利潤を追求するわけですから、金儲けに走るのは当然です。

しかし、世界的に衝撃を与えた公害「水俣病」を発生させたチッソ水俣工場のように、短期的な経費節減によって利潤の極大化を志向し、それで短期的には利潤を得たかもしれませんが、長期的には信用力を大いに喪失することになって利潤極大化に失敗した例があります。

たとえばトップの人間から、「お前ら1円でも多く稼げ。お前ら1円でも節約しろ。それができないならこの会社に必要ないからクビだ！」などと言われて、従業員のモチベーションが上がるかどうかを考えなければならないということです。

そういうことをトップが口にすればするほど、組織がギクシャクしてしまい、従業員のモチベーションが下がって、どうにもならないところに行ってしまいます。つまりは経営品質が下がっていくのです。

コンプライアンスは、経営品質向上と不可分の関係にあるのです。

「社会貢献」は従業員満足からはじまる

いろいろな企業でそれぞれに、従業員にやる気をもたせ、モチベーションを高める取組がなされています。すなわち経営品質を高めるためのさまざまな努力がなされているのです。

従業員のモチベーションを見るためのひとつとして、「あなたがこの企業に入って最も成長したと思うことは何ですか？　あるいは最も嬉しかったことは何ですか？　その一方で最も辛かったことは何ですか？」という調査を企業内ですることがあります。

最も辛かったことは何かというと、これはおよそ答えが決まっています。「お客さまからの苦情処理」です。

最も嬉しかったことは何かという質問に対しては、「給料が思ったよりもよかった」とか、「一生の伴侶である妻と出会って結婚できたこと」とか、「人間関係がとてもよくて楽しい」というような答えもありますが、集約的に見ると、いちばん嬉しかったことは「お客さまに自社製品を褒められたとき」です。そのときに、「ああ、この企業にいてよかったなと感じる」と答えています。

従業員が、自分が属する企業に誇りをもてるようになれる、誇りをもてるようになれば従業員は当然に挨拶ができるようになり、それが発展して企業は信用力が高まり、さらには成長発展していくことができるようになれる。このメカニズムを機能させるためにはどんなことをすればいいのかという課題に対する答えが、「社会貢献」あるいは「社会的責任」といわれているものです。

すでに書きましたが、社会貢献というと、地方の企業に行くと、地元のお祭に100万円寄付したとか50万円寄付したとか、あるいは朝30分早くきて全員で溝掃除をしているといった話を聞きます。

それも立派な社会貢献なのですが、「企業にとっていちばんの社会貢献は、やはり雇用と納税である」という話を私はします。あらためて申しますが、雇用と納税こそが社会貢献なのです。それはまた、従業員が自分の会社や仕事に誇りがもてるようにすることでもあるのです。

地産地消による地域貢献もある

社会貢献には、最近、もう一つ方法が加わっています。

東北の仙台に講演で行く機会がありました。せっかく東北に行くのだからと、たまたま娘が外国に行っていたこともあって、ついでに女房と二人で東北を旅行したのです。その最後に仙台に泊まって、仙台のある経済団体で講演をしました。

講演会のあとというのは、たいがい一席ありますので、その日の晩御飯は別々にとろうと言っていたのですが、なぜかその一席がなかったものですから、女房に連絡して仙台の繁華街といわれるところに食事に行きました。

その繁華街で、驚いてしまいました。仙台は、まさしく「吸血鬼ドラキュラ」に毒されていたのです。

繁華街を歩いてみると、「和民」であるとか……ともかく知っている居酒屋の看板ばかりなのです。

これは単なる想像ですから、もしかしたら吸血鬼ドラキュラではないかもしれないのですが、埼玉あたりに配送センターがあって、そこで原材料をできるだけ安く仕入れ、それを仙台にもって行って、そこで仙台の人たちからお金を吸い取って、そして十分吸収できたなという時点でパッと撤退する。これを私は「吸血鬼ドラキュラ」と称しているわけです。地元から吸い取るばかりで何ももたらしていない、そういう企業がすくなくありません。「和民」がそうであるというわけではないのですが。

最近は「地産地消」とよくいわれますが、地元でつくって地元で消費することが、地域経済活性化への貢献といえるのではないかととらえています。

すべての材料を地元で生産するのは困難でしょうが、できるだけ地元企業との連携のなかで仕入をし、それを地元の人たちに還元するのです。「地域内再投資」といわれる概念ですが、これも非常に重要な地域貢献であると思います。

そうして従業員一人ひとりが「われわれの企業は地元で地域貢献をしていますよ。提供している品物はほんとうに地元のお客さんに喜んでいただけていますよ」と胸を張って言えるようになれば、モチベーションが高くなり、経営品質が高くなっていくはずです。

こうした取組についての勉強は、自社でできる範囲は限られていますから、地元の商工会や中小企業家同友会などが開催している経営塾などでしていただければいいと思います。

「うーん。書類の上での勉強をちょっとしたからといって、利益が上がるわけはないだろう」という声もあるかもしれません。

たしかにすぐには成果につながらないかもしれませんが、ノウハウだけではなく、マインドの部分――景気の「気」ですね、経済はやっぱり「気」です。「病は気から」と言いますが、経済もまさしく「気」です――「気概」や「マインド」を学び、そこからどれだけ経営品質の高い企業づくりにつないでいくかです。

顧客価値の創造を経営の基盤にする

企業活動の真の目的は、「顧客価値の創造」にあります。

企業が存続・発展していくためには、利益を追求していかなければなりませんが、利益はあくまでも顧客に自社の製品やサービスを提供した結果としてもたらされるものです。

基本は、顧客が最高の価値であると認める製品・サービスを創造し供給することにあります。

顧客満足こそが企業を存続させる経営の基盤となるのです。

それも、顧客の期待水準を満たす「顧客満足」を達成するだけではなく、顧客の期待水準を上昇させながらその期待に応える「顧客価値創造経営」を実現させることが重要です。

企業にとっての「正しい答え」は、すぐれた才気や勘から生まれるのではありません。「自社の事業は何か」ということをじっくり問い詰めてこそ生まれます。そして、その答えは顧客によって出されるのです。

いま一度、どのような顧客の、どのような価値や要求に応えるのか、そのためにどのような製品・サービスを、どのような仕組で届けるのかを、しっかりと考えるべきです。

ひとことでいえば、事業コンセプトの明確化です。

顧客・市場を深く理解し、自社にとっての顧客が誰であるのかを明確にし、その顧客の現状の要求・期待だけでなく、潜在的・将来的な要求・期待をも把握し、自社が提供できる価値を生み出し続ける仕組をつくらなければなりません。

自社の存在意義を見つめ直し、事業コンセプトを社員と共有し、高い顧客価値を実現できる組織をつくるのです。そして、顧客に期待水準以上の価値を提供して、満足だけでなく感動までも与えられる企業をめざすことです。

企業は社会の一員であるとの考えにもとづいて、社会に貢献することを考えます。その場合にはまず、本業で顧客価値を創造して利益を上げ、雇用を守れる強い企業になることが、企業がなしうる最大の社会貢献であるということをしっかり認識しておかなければなりません。

企業が地域や社会への支援や協力を行なうことが、自社の利益や存立基盤の強化にもつながってくるのです。言い換えれば、社会とのつながりをしっかりもって、経済的存在であるだけでなく、社会的存在にまでなり得た企業でなければ、強い企業にはなれないのです。

産業クラスターづくりを課題にする

経営の質を高めていくということは、マクロ的には産業クラスターをつくっていくということになります。

産業クラスターというと、横文字でわかりにくいかもしれませんが、いわば産業の集積地です。

自然発生的に産業が集まり蓄積しているところを、われわれは伝統的に「産地」と呼んでいます。典型的なのは地場産業の産地です。たとえば神戸には、お酒の産地があり、アパレルの産地があり、ケミカルシューズの産地があります。

これに対して、人工的・政策的・意図的につくられた産業の集積地が、産業クラスターです。

「うちの会社はそんなの関係ないよ」と思われる方もいらっしゃるかもしれませんが、経済というのは必ず循環し波及効果を生み出しますから、産業クラスターが形成されれば、おのずと「パイ」は増えていくことになります。産業クラスターづくりが今後の日本経済の成長を生み出す可能性をもつ存在として大いにクローズアップされていますが、それはこのような理由によるものです。

そしてそれはもちろん地域でも課題になっていくのです。

産業クラスターという言葉は米国の経営学者マイケル・ポーターが１９９０年代に発表した文献のなかではじめて使ったものです。ポーターは、シリコンバレーの半導体ベンチャーのような、政策的、人工的につくられた産地を産業クラスターと表現しました。

日本ではこのクラスターづくりを、神戸の医療産業都市であるとか、近畿の研究学園都市に集積されている工場群であるとか、規模の大きいものについて、政策的に進めようとしました。ですから、どうしても大企業の話として受け取られがちになります。

そこで産業クラスターを中小企業の規模でつくる発想から生まれたのが企業間連携という制度です。

企業間連携の特質は、中小企業型の産業クラスターであることです。機械金属工業の集積も医療産業の集積も、広い意味ではひとつの業種の産地かもしれませんが、そこにいる企業が手がけていることには、かなりのちがいがあります。そのため、東大阪にしても、東京の大田区にしても、企業間の格差が生じています。

最近は、集積地自体が縮小傾向にあるとよくいわれます。縮小均衡していって優良企業だけが残り、それがまた新しいクラスター、すなわち企業間連携の素地になっていくという動きを見せています。

そういう側面はありますが、中小企業は、このクラスターをどうつくるか、言い換えればどうやって企業間連携をすすめるかを考究するべきです。

第二創業はプロセス変更で可能になる

強い会社づくりは、第二の創業を行なうことにほかなりません。

私の講演を聞いてくださった中小企業経営者が、しばしばこう言われます。

「ソーシャル・キャピタルだとか、産業クラスターだとか、コラボレーションだとか、わけのわからない言葉がたくさん出てきましたが、それは一部の優良企業が考えるべきことではないのですか。産学連携といっても、われわれは蚊帳の外の存在でしょう」

とんでもありません。「一部の優良企業と自分のところは違う、レベルのちがう企業向けの話をされてもわからない」というような意識でいてはいけないのです。第二創業は誰でもできますし、産業クラスターは誰でもつくれるのです。

日本では株式会社というものが有効に機能していませんし、ベンチャーが定着するような状況にありません。非常に特異な制度である担保主義、保証制度というものがあるからです。

株式会社は有限責任制ですが、中小企業においては担保主義、保証制度が厳然としてあるのが実態ですから、有限責任とはとてもいえません。この担保主義、保証制度をどういう形でなくしていくかを国が真剣に考え出したのは1995年ごろからです。いまは、第三者保証はほぼなくなりました。担保主義も緩和されてきています。残るは、代表権者の保証だけです。おそらく5年、10年のタームで見直されてくるものと思います。

すると、どうやって企業は評価されるのか、が問題になります。これまでのように、うちは担保物件をたくさんもっている、保証人もきちっとつけている、ということでは評価されない時代がくるのですから、この面でも社会的責任を果たすことや社会的に評価される企業になることが重要なのです。

大事なのは、自社内のプロセスづくりです。経営資源をどう活かしていくか、どういう体制で生産をしていくか、どういう形で取引をしていくか、というプロセスを変更することが、すなわち第二創業になります。

第二創業というと、何か新しいことをやらなければいけないととらえられがちですが、自社の人材育成方法を見直すこと、自社の生産プロセスを変更すること、取引先との関係を変更すること、そして企業間連携（産業クラスター）を組むこと、これらもすべて新規性という基準で評価される第二創業の一つの切り口ですから、それを見直すのです。自社の経営資源を見直し、自社内のプロセスを変更することによって、価値が生まれ、ひいてはそれが顧客価値創造経営になるのです。

地域内再投資で地域にお金を循環させる

もうひとつ大事なのが、地域内再投資です。地域内再投資を簡単にいえば、地元でお金を循環させることです。それには、その指標が必要になってきます。地域にとっての指標と、個々の企業にとっての指標です。

地域にとっての指標のひとつは、預貸率すなわち預金と貸出のバランスであるという結論に達しています。皆さんが銀行に預けた金額と、地域の企業に銀行が貸し出している金額とのバランスです。地域内再投資が循環的に行なわれるならば、預金の額と貸出の額が均等になるはずです。

企業にとっての地域内再投資は、地域貢献とも関連しますが、雇用と納税です。では、雇用と納税に振り替えることのできる企業の体力を示す指標は何かといえば、それは「従業員一人当たりの付加価値額」です。付加価値生産性といわれる概念です。

それを越えてまで、従業員に対して給与を払うことはできません、内部留保をすることはできません、投資をすることはできません、というひとつの指標になります。

この従業員一人当たりの付加価値額の向上が、企業の体力向上につながるとともに、自社がどれだけ地域内再投資を果たしているかを見る指標にもなるのです。

従業員の付加価値生産性を意識しましょう。

異業種交流ではなく亜業種交流を

お隣さんと手を組むことの重要性を述べてきましたが、従来型の企業間ネットワーク、あるいは異業種交流といわれるものは、ほとんど成功していないと見られています。

その理由のひとつは、無責任体制のもとで行なわれてきたことにあります。自分のところの情報はできるだけ出さずに、人からはできるだけ集めていくという姿勢、これが異業種交流の失敗の最たる元凶です。そういう無責任体制をなくする企業間連携のひとつのポイントは、連携の核に中核企業（コア企業）を据えることです。地元のリーダー企業を核にして連携を結ぶのです。地域のリーダーを中心にコラボレーション、ネットワーク形成をしようということです。

企業間でネットワークを組むということは、基本的には集まっているそれぞれの企業が相互に社外取締役的な役割を果たしていくということです。自分の企業のことは見えなくても、人の企業のことは見えるものです。問題を指摘し意見もいえます。それをもとに侃々諤々で議論していく「場」づくりのためには、ソーシャル・キャピタルというものが不可欠なのです。

ソーシャルとは、社会という意味です。キャピタルとは、資本という意味です。ソーシャル・キャピタルをそのまま訳すと社会資本になります。すると、電気、ガス、水道といったインフラのことが頭をよぎりますから、日本語に訳さないで、ソーシャル・キャピタルといっています。

単純にいうと、信頼関係です。ただし、単なる信頼関係ではなくて、一つの地域を核にした、地域内での信頼、顧客との信頼、取引先との信頼、行政との信頼、地域住民との信頼など、地域のなかで企業が存立していくために、それをベースとして支えていけるような信頼関係です。

そのためには、「異業種」間の交流ではなく、「亜業種」間すなわち関連性のある企業と交流することです。

すこし詳しく述べましょう。

亜業種交流であるためには、まず、産業と産業のつながりが重要です。

産業と産業は、必ずつながりがあります。たとえば自動車産業は、鉄鉱石から鉄をつくり、鉄から鉄板をつくり、鉄板からボディをつくって、ボディから車体をつくります。最終的に製品ができて、宣伝し販売します。こういう一連のつながりを産業連関性といいます。

産業連関性を意識した連携でなければ、うまくいきません。

産業連関性は、かならずしも最初から意識できるものではありません。技術交流をしていくうちに、A企業とB企業に産業連関性が生まれてくるケースも多々あります。ですが、最初から意識されるにしろ、のちにできあがるにしろ、産業と産業のつながりは度外視できません。

つぎに重要なのは、すでに示したソーシャル・キャピタル、信頼関係です。

企業と企業、企業と地域、企業と組織、企業と住民、これらの信頼関係がどれだけ円滑に機能していくかが、うまくいくための大きな要素です。

なお、ソーシャル・キャピタルの形成には、円滑に進めていくための組織運営が不可欠です。つくるだけではなく、円滑に働かせていく素地をつくっていかなければ機能しません。ともに、リーダー企業の存在も不可欠です。このリーダーとなる企業の素質は、コア・コンピタンス（中核技術）がはっきりしており、かつ経営品質が高いことで、いわゆる地元のドンではありません。そしてもうひとつ、事務局体制です。つまりは責任ある体制づくりです。官製団体や行政が事務局をやっていると、どうしても無責任体制となり、それが結局はうまくいかない要因になります。

亜業種交流でもうひとつ重要なことは、徹底的に地域密着でいくことです。

地域密着はグローバル化に反するのではないかという人がありますが、製品自体はどんどん世界に売ったらいいのです。競争相手は世界中にいます。それをやめるということではなく、基本的に存立基盤を地域に置く、ということです。これが本書でいう「地」的経営にあたります。

これらのポイントを忘れずに、企業対企業の信頼関係をベースにし、お互いが社外取締役的な役割を担い、切磋琢磨しながら自社のビジネスプランや経営指針書を改善していく。改善していったビジネスプランのもとで、それぞれの企業が経営活動を行なう。そのなかで連携して新しいビジネスが発生し、また新たなクラスターを形成していく――というプロセスです。

第二創業は個別企業の取組みです。第二創業を進めていくことによって、顧客価値創造経営を行ないます。それをさらに一歩進めて、地域内再投資という地域貢献も含めた地域活性化のモデルづくりを行ないます。そして最終的にはソーシャル・キャピタルを形成して、産業クラスターをつくっていくのです。

インターンシップによる産学連携も検討に値する

ものづくり系の優良企業が大学等の工学部と連携して新製品を開発する、というのが産学連携だと思っていらっしゃる方が多いかと思いますが、産学連携はそれだけではありません。たとえばインターンシップもそのひとつです。インターンシップというと、受入企業にとって迷惑極まりないものだと思っていらっしゃるかもしれません。1週間も2週間もインターンシップ生の相手をしなければならないし、仕事を手伝ってもらうにしても、なかなかうまく機能しないと思われている方が多いでしょう。

私どもの兵庫県立大学が提案させていただいているインターンシップは、相互型事業創造インターンシップ（大学院経営研究科MBAではフィールドスタディ）で、学生にとっても、企業にとっても、双方にメリットがある企画です。

学生をインターンシップに行かせて、経営者とも従業員の方々ともできるだけ議論させていただき、さらにはお客さんや地域住民とも話をさせていただいて、たくさんの情報を吸い取る。もちろん就業体験もさせていただきます。そのうえで、学生にその企業の経営指針書をつくらせる。つまり第三者にビジネスプランをつくらせるわけです。これがビジネスづくり型産学連携です。

自分あるいは社内だけではアイデアが出ない場合は、こういうやり方を生かすこともできます。

大学が偉そうな顔をする時代ではないことは、私たちは非常によく理解しているつもりです。大学も、地域に貢献できてはじめて評価される時代になっていると思っています（注）。同じく経済団体も、地域の経済に貢献できなければなりません。お役所的な仕事しかできないところは、統合の対象になってくるでしょう。

外部機関を大いに活用してください。

7つの経営資源を生かす

ヒト、モノ、カネ、情報をもって4つの経営資源と言われていますが、人的資源、物的資源、財務的資源以外につづく情報資源を、このごろはチエとワザの2つに分けます。

知の部分は、ナレッジマネージメントとか、知識創造などといわれます。知の部分とそれを実際にものにする技の部分、これは両方とももともとは情報なのです。それをチエとワザに分けます。これで5つです。

それから、企業が顧客価値創造、提案型経営を進めていくうえで、ひとつの大きなポイントは、スピード、時間です。これが第6の経営資源です。

最後は、お客様に感動を与えるかどうかです。企業が感動をどう与えることができるかは、顧客価値創造経営につながるわけですが、お客様が思ってもみなかった製品、お客様のニーズをはるかに超えた製品をつくって目の前に出したとき、お客様は間違いなく感動します。

感動というものは、何で計られるか。これは経済学でいうところのユーティリティ、効用で計ると、理論的にはいわれています。優秀な製品を提供したとき、どう感動を与えるのかを考えることです。

従来、企業が最も重要視してきた品質は、提供する製品・サービスの質でした。この質こそが品質管理の対象とされてきました。そして、その質の向上を主眼に、「ヒト、モノ、カネ」をはじめとする優良な経営資源の確保を求めてきました。

しかしながらいままでは、いかに優良な経営資源を保有しても、必ずしも提供する製品・サービスの質は高まるものではないことが認識されています。

つまり、企業にとって重要なのは、資源そのものではなく、「資源がもたらす用役（service）」なのです。企業の問題解決能力の基礎になるのは、企業の資源活用能力だということです。したがって、たとえ完全ではない経営資源であっても、経営者をはじめ企業の力量でその質を高める取組こそが重要となります。

こうした背景から普及した考えが経営品質です。すなわち企業にとって重要なのは「ES（社員満足）」であり、ESが向上すれば自ずと「CS（顧客満足）」は高まる。ESを高めるためには、企業は地域貢献を柱にして「CSR（企業の社会的責任）」を果たし、人材育成を重視すべきである……という基本的な考えが定着するに至ったのです。

企業は、「顧客」にとって、「業界」にとって、そして「社員」にとって、「地域」にとって、「なくてはならない企業」すなわち「理念型経営企業」へと進化していくことによって成長が果たされるのです。

以下では、企業として地域にどう貢献していけるかの可能性を探ること、経営理念や経営の方向性をあらためて明確にすること、さらには経営者自身が人間としてより高いステージに向けて地域とともに歩んでいくこと、こうした点を中心に「地域にとってなくてはならない企業」づくりに大いなる示唆が得られるような事例を示していきます。

注

＊大学の取組について、私のゼミを例に紹介しておきます。

大学は、社会に貢献できる人材の育成をテーマに掲げています。その基盤となるのはゼミ教育です。

私のゼミ（佐竹ゼミ）では、「良好で発展性のある優れた人間関係の形成」を目標に、和気あいあいと楽しく（もちろんまじめに）活動します。ゼミ生は、教室での授業だけでは得ることのできない学びを、合宿やコンパ、商大祭での模擬店、卒業旅行、新ゼミ面接などを通じて得ます。

その佐竹ゼミの特徴のひとつは、現役のゼミ生が、新ゼミ生希望者（新3回生）の面接を行なうことです。面接方法からゼミ生決定に至るまですべてを学生が段取りします。面接期間のおよそ2週間、ゼミ生は全員が納得するまで議論を続け、最終のゼミ生決定会議は深夜に及ぶこともしばしばです。ゼミ生は人を見る目、人としての魅力とは何かを学ぶことになります。

それは就職面接をこれから迎える3回生にとって、企業の面接官がどこに注目するかを知る体験にもなります。言葉・態度・目線・小さなしぐさまで、面接する側に立つ自らの体験を通して、面接とは何かを理解するのです。

新ゼミ生は、全員がゼミ面接に毎日参加した者です。熱意にあふれ、非常に強い達成感をもっています。けれど、当初の数カ月はまだ人間関係の形成は不完全で、組織で行動することについて壁にぶつかります。意見のぶつかり合いなどから議論は往々にして長期化し、感情的になって泣き出す者も出てきます。私はその議論に深夜まで付き合い、学生がどのように考え行動するのかを見守ります。

時にはアドバイスをしますが、あくまで学生同士が互いに協力し、答えを見つけなければなりません。このような経験を重ね、ゼミを円滑に運営するためのノウハウを一人ひとりが身につけていくのです。

私の研究室には、ゼミの歴史を刻むアルバムが幾冊も大切に保管されています。アルバム制作は自然と卒業生が始めたもので、いまでは恒例となっています。

佐竹ゼミ単独の謝恩会は、佐竹ゼミにとって最も重要なイベントです。会場は神戸で一流どころの舞子ペルーラや神戸メリケンパークオリエンタルホテル、ハウスオブパシフィック、近年は神戸旧居留地オリエンタルホテルで開催しています。

新3回生となる2回生を加えた学部生3学年と大学院生、佐竹ゼミ現役生全員が揃い、時には卒業生が祝いにかけつけます。司会進行、次第づくり、企画運営をすべてゼミ生が自分たちで行ないます。謝恩会で私は卒業生一人ひとりに卒業証書と言葉を贈ります。思い出は尽きず、1人に対して5分以上話すのが常です。毎年、ゼミ生は2年間という長いようで短いゼミ生活を振り返り涙します。また、卒業生一人ひとりの挨拶に、私も涙します。そしてこのとき、2年間の思い出が詰まったアルバムを、卒業生が贈ってくれるのです。

ゼミ生一人ひとりが自らを磨き、互いに刺激し合いながら成長していきます。

ゼミ活動を通じて人間関係形成のノウハウを身につけたゼミ生は、人気の高い企業や希望している企業へと就職していきます。卒業後も、仕事やプライベートにおよぶ相談を受けるなど、学生との強いつながりと信頼関係をもつゼミ活動を継続していくことが、大学教授としての社会的責任を果たしていくものと考えております。佐竹ゼミは、社会に出て必要となる豊かな人間関係の形成を学ぶ場でありたいとこれからも願うのです。

実践論

地域に
なくてはならない
企業へ

ジュンク堂書店

震災で覚醒した経営者魂
地域に支持される大型書店の全国展開を目差す

ジュンク堂書店は、２０１１（平成23）年8月現在、全国に53店舗（うち海外3店舗、丸善CHIグループとしての丸善&ジュンク堂を含む）を有する書店チェーンである。一部の例外を除くと、床面積が３００坪を超す大型書店で、「専門書を多く扱う図書館のような書店」「立ち読み禁止、座り込み歓迎」というのがコンセプトである。

この十数年、インターネットという新しい媒体が登場し、若者の活字離れが叫ばれ、ひいては出版不況とまでいわれるなか、90年代後半に神戸から全国へ打って出ていまや大型書店の代名詞になったジュンク堂。同社を率いるのは創業者である工藤恭孝・ジュンク堂書店会長（１９５０・昭和25年生まれ、現62歳）である。

工藤が、大型店全国展開の決断を下したのは、あの１９９５（平成7）年の阪神・淡路大震災での店舗（三宮店、サンパル店）の被災がきっかけだった。

震災で本屋としての使命感《ボルテージ》が上がる

「ありがとう。よく再開してくれました。これは、神戸の力になりますよ」――。

2月3日。社員の力を合わせて、約2週間という短期間で店舗（サンパル店）の再開を果たしたものの、本当に客はくるのか、と不安視しながらも店を開けると、雪崩を打ったように客が来店した。

掃除夫の格好でモップをかけていたときに、来店客がかけてくれたこの「ありがとう」が、工藤は忘れられないという。

地元の顧客に感謝するとともに、「本を売るという商売への使命感が、はじめて体のなかから湧きでてきた」と振り返る。

交通手段の回復もままならない、こんなときでさえ、人は本を求めて店にやってくる。書店は地域に愛されている、必要な存在なのだ――。

レジカウンターも図書館のよう

経営者としての〝使命感のボルテージ〟が上がったことがきかっけとなり、ジュンク堂のその後の躍進すなわち全国展開へとつながるのだが、ここではもうすこし震災時の対応をみてみよう。

阪神・淡路大震災が神戸の街を襲ったのは、1995(平成7)年1月17日未明のことである。

そのとき、工藤は香港旅行から戻ってきたばかりだった。

自宅のある芦屋に戻る途中で車中から「オレンジがかった黄色い月が見えました」。なんだか不気味だな、と妻と話をしたことを覚えているという。その翌17日の未明に、あの大震災が起きたのである。

家中にガラスの割れる音が響く。長男の部屋に入れば、タンスが畳に突き刺さるかのように倒れていた。外に出てみれば近所の家は全壊していた。これはただ事ではない、そう思った工藤は、即座に車庫にあった古いバイクを持ち出し、街を走った。神戸の店舗を見にいくためであった。

途中では高速道路の〝道〟が落ち、橋もひび割れ、ビルは崩れていた。そうしたなか、瓦礫をかいくぐるようにして、なんとか三宮店に到着した。当時の店舗は地下1階にあった。天井の水道管が破裂して水が溢れ、店内はプールのようであったという。50万冊の本は使い物にならないと判断した。再開の目処も立たない(三宮店は2か月後、従来の6割程度の冊数で再開した）。

一方、三宮店から東へ7〜8分のサンパル店はどうか。再開発したときにできた新しいビルだったので倒壊は免れていた。だが本はスプリンクラーの水を受け8割はだめになっていた。

このとき、工藤はまず従業員の安否を確認するため、連絡を取り合う。結果、奇跡的にも、軽傷の女子社員がいただけだった。

ひとまず安堵した後、ここで工藤は、驚くべき号令をかけている。

「よし、サンパル店は2週間後の2月3日に再開する。みんなをここへ呼んで手伝わせよう」

お客さんの「ありがとう」の言葉は、その再開日の一コマのことである。

「いま思えば、あの惨状で、交通の便も回復していないのですから、そもそも客が来るのかという話になるはずです。ですが、そのときは、まったく考えが及びませんでした。開店の告知もしていません。当日になって、すこし不安が過ぎりました。経営者として失格なのではないか、とかですね」（工藤）

ところが、シャッターを開けるや、客が雪崩こんできた。お客さんが開くのを待ち望んでいた。抱えていた不安を吹き飛ばすだけでなく、この出来事が、工藤の経営者魂に火をつけたのである。

地方展開へと方針を変える

震災前までのジュンク堂は、三宮店（本店）、サンパル店、京都店、明石店と、1月にオープン予定の大分店を加えて5店舗。大型店として後発ではあったが、創業からの目標だった売上100億円まで、あと一歩というところへきていた。

「100億になったら安泰だろうから（業界で潰されはしない、の意）、会長に退いて海外旅行でもしてのんびりしようかと思っていました。地震はその矢先の出来事でした」

工藤は、26歳の若さで創業した経営者だった。だがこのころまでは、親の会社の資金援助もあってやってこられたのだという。本という商品に関しても、「好きではあるけども、やはり一商品」というくらいの意識だったのだそうだ。

ところが、震災の影響で店が潰れるかもしれない――この危機によって考えが一変した。

「何より、危機にあって社員の生活を守らなければならない。そして本の愛好家のために、もっとよい書店にならなければならない」――震災によって、それが書店経営者の使命であると気づいたわけである。

その結果、行き着いたのが、地方への大型店の積極展開だった。

この当時、三宮店の真向かいにあたるセンター街の2階には、京都の大手書店が出店計画を進めているところであった。店ができれば、三宮店の売上は激減する。半減することも予想された。

社員を辞めさせずに、生き残るには、神戸以外の地方へと出店し、そこで稼ぐしか道はない。じつは、震災だけでなく現実の書店間競争においても、初めての危機が迫っていたのである。そのタイミングで、震災が起きたともいえる。そして工藤は、大型書店の地方展開へと舵をきったわけである。

95年には大分を含めて3店を出店。その後96年には大阪・難波、99年堂島、そして01年には東京・池袋に2000坪という日本最大規模の書店を出店するまでになった。出店攻勢は、その後も、仙台、名古屋、新宿、福岡、新潟、札幌、那覇ほかへと続いている。

「おそらく震災がなければ、そういう経験をもたなかったと思います」

そういう経験とは、地方出店を皮切りにしての全国出店であるとともに、それに伴う銀行（貸し渋りにもあっている）との交渉や社員の賞与の値下げなどの、主に財務面での苦労のことだ。

真のリーダーは、「順境で冷静、逆境で燃える」という。工藤の生き方はそれに当てはまるのかもしれない。

ジュンク堂誕生に、父の教えあり

それにしても、その資質を引き出したのは震災だった。神戸の震災が、工藤を本当の意味での経営者に変えたといえよう。

ここでジュンク堂が誕生するまでを振り返ってみよう。

工藤は、1950（昭和25）生まれ。父の淳（「くどうじゅん」の名をひっくり返して「ジュンク堂」の社名になる）は、当時、小さな書店「喜久屋」を営んでいた。工藤はこの店を手伝いながら読書に明け暮れていたという。のちにジュンク堂1号店をオープンするときに、書店のことを多少なりとも知っていたのは工藤だけだったのだが、それは、この家業での経験による。

工藤は、実業家である父親の背中をみて育った。ジュンク堂は、何より業界でいち早く新しいことを取り入れることで有名だが、そうしたアイデアが湧くのも、「父親もそうだった。思いついて即実行。血筋でしょうか」と述べている。

父・工藤淳は、元々は電力会社の技師だった。戦後、宝塚歌劇団の舞台装置を担当するようになり、その縁で、東宝に移る。そして映画プロダクションを設立したが資金難となり、神戸に移り、遠縁の伝手もあって書店の「喜久屋」を始めた。映画時代には、阪急の創始者・小林一三とも知己があったのだという。

工藤淳は、本屋は儲からないといい、書店を閉めて取次店を始めた。それが、工藤が入社するキクヤ図書販売である。

工藤淳は、キクヤの売上を伸ばすために、小売店での雑誌のスタンド販売を思いつく。街の鉄工所に頼んでスタンドをつくり、周辺の薬局などにおいてもらい、そこで雑誌を売ろうというわけだ。取次店としては、販売する〝店舗〟が多いほど業績は上がるからである。これも、「思いついたら即実行」のひとつだ。折からの週刊誌ブームもあって、キクヤ図書販売は順調に伸びていく。

65年には、小学館の「日本百科全集　全11巻」を月賦で販売する会社・関西ブックローンを創業。大手取次店の神戸支店長が、工藤淳を見込んで小学館に紹介したのが、ことのはじまりだった。百科事典も時代のニーズにあったものであり、書店では売れないが、販路さえあれば売れたのである。会社にコンピュータを導入し、月賦の延滞金の督促や入金のシステムを開発し、セールスマンを雇って、同社は躍進した。最盛期には3000名がいたという。東京の同業者も吸収し「ブックローン」に社名を変更している。

淳の教えはこうだった。

「発想することは誰でもできる。違うのは実行するか、しないかだ」

神戸にも大型書店を！

72年、立命館大学を卒業した工藤恭孝は、キクヤ図書販売に入社した。志望したというのではなく、大手広告代理店などを落ちて、仕方なく入ったのだという。

雑誌や書籍を軽自動車に積んで、街の本屋さんへ配送する日々が続いた。キクヤは二次卸の取次である。大手書店は、大手の取次が担当していた。工藤が回る先は薬局などの兼業小売店で、跡取りもなく、どうみても将来性があるとは思えない。

どうしたらいまの仕事が、将来を託すにたると思えるようになるだろうか。思案が続いた。そして思いついたのが、自前で書店をすることだった。「うちの会社で書店を出して、チェーン店にすればキクヤから卸せるんじゃないか」。それがジュンク堂の発想の第一歩だったのである。

そうはいっても店を出すとなれば土地がいる。一等地は地元の老舗が押さえていて手がだせない。思いついてから3年ほどした76年、三宮センター街の8階のビルの地下が、343坪空いていて、「一括で貸したい」と言っているという。

「本屋くらいしか使い道がない」ともいわれたという。だがどこも乗り気にならない。

ところが工藤は、そこを借りて「ジュンク堂」本店を始めたのだ。当時、神戸には、大型店がなかった。専門書などを買うには大阪の紀伊國屋、旭屋へ、電車でわざわざいかなければならなかった。いまのようにネット通販の「アマゾン」などはなく、本を注文すれば、3週間は待たされる時代である。神戸にも品揃えの豊富な大型店があっていい、そういう思いで一等地ではなく、一・五等地で始めた。

「キクヤの一事業部という気持ちでした。だから気楽にというのも何ですが、あっさりと始めたわけです。ブックローンという資金源があったのでスムーズに店を借りることができた」

ところが――。

ブックローンの社長代行である叔父（淳は病気療養中）が、「ジュンク堂は、別会社にしてきみが社長をやれ」と言いだしたという。キクヤから書店部門に出向するつもりでいた工藤にとっては、まさに晴天の霹靂だった。というより甘い考え方を糾されたというべきかもしれない。詳しい事情はわからないが、取次と書店を同じ会社でやるのはどうか、という取引上の問題などがあったようだ。ともかく、こうしてジュンク堂は独立した形で76年に開店へこぎつける。幹部社員は6名をブックローンやキクヤから集めてきた、しろうと集団であった。

開店時に不振、紀伊國屋に教えを請う

76年12月、ジュンク堂は開店した。しろうと集団、主に飲み仲間を募ったという集団でのスタートだった。どうしていいかわからないので、たとえば棚は問屋が連れてきた業者に頼むなどでまかなったのだという。

そうはいっても幼少時に実家が本屋であったという経験が、工藤にはあった。

「単純な発想で、30坪の店を10倍にしたらいいと考えました。だから当時売れていた『週刊平凡』を10倍、300冊、地下を降りた入り口付近に積んだのです。ところがさっぱり売れない。2冊しか売れませんでした」

どんな会社でも創業時というのは、思ったとおりにはいかない。やることは、暗中模索なところがある。ジュンク堂も例外ではなかった。売上は、月間で目標の6割にも満たなかった。

どうしたらいいか思案に暮れていたとき、ある版元がきて、「紀伊國屋書店梅田店の店長を紹介するから、一度訪ねてみては」と言ってくれたという。

その人は毛利四郎。紀伊國屋の創業者・田辺茂一の薫陶をうけたという、有名な店長だった。

工藤は、渡りに船とばかりに、紀伊國屋を訪れた。そしてこう言われる。

「駅の売店で買える週刊誌を積んでも買いにはこない。そうではなく、赤い敷布かなにか敷いて、値の高い書物をおいて売りなさい。上等そうにおけば、値打ちがあるようにみえるものです」

こう言われてはじめて、大型店ならではの、専門書の品揃えの意味を知ることになる。それからはジャンルごとに担当者をおいて、仕入や棚への入れ方などを任すように変えていった。専門書の場合、医学、理工、法律、人文・社会科学、文芸などのジャンルごとに精通しないと、何が重要な本かの目利きができないからである。この考え方は専門書のジュンクといわれるようになったいまでも続く、同社の特徴になっている。

「小さい店なら店長が一人で全部を見るということも可能かもしれません。ですが50万冊を扱う大型店となるとすべてを見切れません。ですから棚の担当者は、その責任者として、すべてを任せています。権限委譲がどうのというより、そうしないと回らないから、しかたなくそうなっていったのです」

ジュンクの店員は棚をもち、「自分の棚＝店」の店主とし

豊富な品揃えが特徴

て、責任をもって仕事をしているという。これは他店との違いでもあるが、やりがいと責任感を育むシステムでもある。簡単なことのようでいて真似できないのは、伝統が生んだ文化だ、というしかない。

毛利との交流は続き、田辺の口癖で「本屋は楽しくなくてはだめ」という言葉を工藤は知る。それはいまでも、ジュンクの哲学になっている。

「その意味では、田辺さんの孫弟子ということになりますね。最初から大型店のノウハウなんてなかった。そこしか空いてないから出したわけです。そこで試行錯誤をして、なんとか軌道に乗った。大型店に合う品揃えを、初めから意識してつくったのは〝専門書の書店〟として出したサンパル店（2号店）からです」

まるで図書館のような書店といわれた2号店のジュンク堂・サンパル店がオープンしたのは、82年3月のこと、1号店が黒字に転じた翌年だった。

「専門書の書店」の原点、サンパル店開店

工藤は、その前に、ある出版社の誘いでアムステルダムを視察していた。そこで天井まで届くかのような本棚のある書店をみて、まるで図書館のようだと感心した。「できれば、ああい

う書店をつくりたい」——そうした思いを抱いていたところに、三宮東口で再開発がすすみ、新しくできるビルの3フロアを借りてくれないか、という話を知り合いの公社社員がもちこんできたのである。

だが、工藤はいったん、その話を断っている。そこは元闇市のあった区画で、風紀が芳しくない。書店には向かないと判断したのだ。ところがその後、「倉庫代くらいでいいなら借りてやるよ」と言ったのを真に受けて、公社の知人は上に話を通してしまったのだという。後に引けず、否応なく出店するしかなくなった。

そこで創業メンバー6人を集めて相談したら、「ぜひ、やりましょう」ということで、決定したコンセプトが「専門書の専門店」だった。

それには理由がある。

「広い1号店でも、本をおくには限界がある。そこになかったら、じゃあいい、紀伊國屋へ行くと、客は去っていくのです。それを見送るのが悔しいという思いが、みんなにあったわけです」

ところが、ことは簡単にいったわけではない。大店法が改正され、商工会議所での審議会に呼ばれて、許可をうける必要があった。神戸に2店も大型店がいるのか、というわけである。

結果、書店組合との話合いで、フロアの一部（20坪）を削って喫茶店にするというスペースを狭める調整をして、なんとか開店に漕ぎ着けたのである。

「図書館のような本屋」というのが、そのキャッチフレーズだった。

当時、この界隈を営業で回っていたビジネス書版元の営業マンは、「現状では（品揃えでは）最高の本屋だ」と絶賛していた。また行政との調整で渋々、「喫茶店」を入れることになったわけだが、この書店にはギャラリーがあり鉢植えがおかれ、休憩できる椅子もあった。棚は天井までの高いもので、上部の本ははしごを使って取るという方式だった。じつにユニークな書店となった。

96年の大阪・難波店開店時のキャッチコピー「立ち読み禁止　座り読み歓迎」は、じつは大々的にではないにせよ、このころからすでに実践していたことだった。のちに「おもしろい本屋・ジュンク堂」といわれる萌芽は、この店に見いだすことができるのだ（サンパル店は01年、隣接するダイエーの三宮駅前店として増床移転）。

アイデアは即実行、ファミレスで見たPOSの導入

88年の京都店に次いで94年には神戸の衛星都市である明石市にも出店（380坪）している。

この中型都市にも出店できるようになったのには、理由がある。機械化が進んで人件費を抑え

ることに成功したからである。

機械化というのは、POS（販売時点情報管理）システムの導入のことだが、これをいち早く書店に導入したのも、ジュンク堂である。

POSシステムをいれたレジを使えば、客が店員に本を渡せば、バーコードでデータを読み取り、本のジャンル分けから発注をして釣銭まで計算できる。アルバイトでも簡単にこなせるわけだ。これがないと、店員があとでスリップを使い、ノートにジャンルごとに仕分け整理し、発注するまでを手作業でこなさなければならなかった。慣れていないと、本をどのジャンルに入れるのかにさえ戸惑い、時間がかかっていたという。それがPOSレジなら瞬間にできる。

それを思いついた経緯は、こうである。

仲間と八方尾根にスキーに行った帰りに、朝食を取るためにファミレスに立ち寄った。席に女性の店員がきて、注文を聞き、持っていた端末を操作すると、ロール状の紙がでてきて、それが伝票になっていた。この光景をみて工藤はピンときたのだという。

「おいていった紙は請求書なんです。まだ品物も来ないうちに先にオーダー兼請求書の紙がでるのかと（笑）。すこし腹がたったんですが、いやまてよ、と思いました。これは本屋で本を売るときに応用できるのではないか、と閃いたんです」

つまり本にバーコードをつけて、それをレジの端末で「ピッ」とやれば、釣銭勘定もして取次への発注も自動的にする。いままで部屋を用意して手作業でやっていたことをしなくて済むわけだ。

思いついたら即実行は、父工藤淳から引き継ぐDNAだ。折しもスキーに行った仲間は日本NCRの社員だった。「これを本で、できないか」というと、「商品の組合せを換えるだけなので、できる」という返事だった。工藤は早速、書店のPOSレジ設置へ取りかかる。取次とも相談して、それは1か月でできあがった。そして、まずは三宮店に取り付けた。

この話は、瞬く間に業界に知れ、大手書店の店長や役員がどんどんと見学にくるようになった。

「生来、お人好しなのか、ビジネス特許（注）も取らず、オープンにしました。あまりにも簡単にできたので、たいしたことだとは思わなかったのです。すると紀伊國屋さんは、のちにパブラインという仕組をつくって、出版社との商売に結びつけた。あとでしまったと思わないでもなかったのですが、あとの祭りでした」

このPOSレジはいまでは書店のレジではスタンダードになっているのは周知の事実だろう。

このほかにも、ジュンクが先駆けとなったアイデアは多い。本を入れる袋を紙からビニールの手提げにした（雨で濡れない）、店内にベンチをおく（のちに座り込みOKという代名詞に発展)、いわゆる「制服」をやめてエプロン姿にした(これはロフトを真似た)などである。「そうはいっても失敗もしています。喫茶店や文具店なんかです。半分くらいは当たりません」

ユニクロの創業者・柳井に『一勝九敗』という著書がある。そのココロは、「新しいことに一〇挑戦しても、九は失敗する」である。

製造小売で躍進した柳井でさえ、そういうのだから、五分五分は上出来なのではないだろうか。

フラットな組織、会議無用

ジュンク堂では、会議らしい会議というのは年に数えるほどしかないのだという。年に何回か、昇給賞与を決める査定会議で、幹部が集まる程度。それも地方店の場合は、電話連絡で済ませるそうだ。

それでは経営の意思決定などは、どういう手順で行なわれるのかというと、社長—店長で決めればそれで済む、あとは現場が責任をもつ、といったきわめてシンプルな仕組だ。いわば組織がフラットで、情報伝達が速く、長々と会議を重ねる必要はないのだという。もちろん社員に肩書はあるが、社長と店長以外はみな「さん付け」で呼ぶだけだという。

工藤に言わせれば、

「ノウハウがなくて大型店を始めたので、人任せにせざるをえなかった。結果、それで専門書の目利きが生まれた。あとは現場で先輩から後輩へと伝承すればいい。放任主義が、裏目ではなく、表目にでただけです」

ということになるが、あえて会議無用としているのは、キクヤ図書販売時代、サラリーマン時代の経験が、そうさせているようだ。つまり御曹司といえども、当時、工藤は平社員。キクヤもブックローンも急成長中。会議となると、「上にはお追従、下の意見は聞かない」という、組織にありがちな有様で、時間はかかれど課題の解決が進展することなど、ほとんどなかった。そんなことをするより、自分が現場に行って決めたらいい、という考え方なのだ。創業時には、工藤は現場へ行って棚の前で担当者と話しあって、陳列のやり方などを次々と決めていたという。

また震災の「再開の日」に掃除夫の格好でいた、と書いたとおり、こうした〝目くらまし〟は昔からで、創業のころの工藤は、店内をなにくわぬ顔でうろついて立ち読みしていることが多かったという。それは本と客の様子から情報収集をし、現場にアドバイスするためのスタイルだったのだろう。

形式を排し実をとるのが〝工藤流〟なのかもしれない。

領域侵さず、地域と融合

震災後に地方出店を図ったジュンク堂は、94年1月の大分ののち、95年に姫路、鹿児島と、矢継ぎ早に出店した。

「数店を地方に出したところ、50万都市クラスだとジュンク堂はきてくれる、という噂になったのです。つまり空いた物件のほうから話がくるようになった。それで全国展開に加速がつきました」

同時に地方出店を続けていて気づいたのが、都市との情報格差だった。

「出版というのは、東京の地場産業というくらい東京に集中している。大型店をやっていくうえでは、やはり版元の情報が必要になるわけです。それで池袋に最大規模の店舗を出した。その前に大阪にも出した。そうしたらどっと全国から話がくるようになりました」

こうして地方出店が、都心を含む全国展開へと変わっていったのである。なお、都心部では、中心街からはすこし外れた一・五等地に出すという「家賃軽減策」をとっている。

地方には、出してほしいというニーズがあることもわかった。そこそこの規模の地域には、専門書を扱う大型店が必要なのである。

「いま旭川で富貴堂さんと組んで店を出そうと計画しています。駅の近くにライバルがきて閉鎖した。その後別のところに空きができた。そこでジュンクさん、やらないかといわれて、逆に社長（富貴堂）がやるなら協同で出しましょう、という話になった。資本は五分五分で、コンピュータの使用料なんかはジュンクに払うというやり方です。そうやって地域の方と組んでやる方法も取っています」

地域を熟知している書店人がやればいいのだという。そしてこうも言う。

「大型店を出すなら、地域に支持される店にしようと思ってやっています。だからショッピングセンターにある中型店の領域へはいかない。街の一等地の本屋さんの領域も侵さない。結果、書店は、大型、中型、小型に分化していくのではないでしょうか」

実はジュンク堂は、以前から地域を意識した商品展開を店舗で積極的に行なっている。三宮店には神戸本というコーナーがあり、地元関係者の本が並ぶ。ホームページのウェブ特集では、神戸発の本という特集も企画した。沖縄・那覇店では地域本だけで、40坪を割いて展開している。

「採算は度外視です。だけどせっかくその場所につくったわけですから、やはり地域への貢献もしないといけない。琉球文化の本がこれほど揃っているのは、ここ（那覇店）しかありません」

地元神戸を離れても、というか神戸での（早期再開して感謝された）経験があるからこそ、今度は赴いた地域にも愛されるという姿勢を忘れていないのであろう。

ちなみに沖縄県・那覇店に関する、最近の新聞記事（「琉球新報」11年9月4日）によれば、「09年の4月開店以降、当初目標の2倍近い月平均1億円超の売上で推移しており、沖縄では本は売れないという書店業界の常識を覆す結果だ。人口の割合からみて経験がない数字（店長）」とある。さらに続けて、同店の沖映通り商店街振興組合理事長がこう語っている「『子供たちや家族連れの姿が増えた。地域の文化の拠点として成長している。周辺にもいい影響を与えている』と集客力向上による地域発展に期待をこめる」。さらに「地元本が週のランキングに4～5冊入るのも那覇店の特徴」だそうだ。

那覇店は工藤のいう「地域に支持される大型店」を、地でいく格好となっている。

客注に迅速対応、アマゾンより速く届く

書店に行っても目当ての本がない場合、客はどうするか。ネット通販のアマゾンがなかった時代は、他店に行くか、その場で版元・取次に問い合わせてもらい取り寄せるかである。個別に取り寄せてもらうことを「客注《きゃくちゅう》」というのだが、この取り寄せには、日本の流通形態の事情

があって時間がかかる。一般的に「3週間」という時代が長く続いたのである。

この隙間に出現したのがアマゾンだ。ネットで申し込めば5日ほどで指定した場所へ届くのである。

ジュンク堂では、この客注への迅速な対応体制も築いてきた。全店舗の在庫をコンピュータで把握し、店舗間のやりとりで対応できるようにした。これは店舗数が増えて店舗の在庫が増えたことで可能になったわけだ。

「いまでも、絶版の本以外なら、2~3日で着きます。携帯端末ですぐ調べられます。93%はヒットします。ですから大分店で注文を取って、東京から送ることができます。アマゾンよりも速いです」

しかも、さらに迅速化を促す施策を、いま進めているのだという。

「東京に300坪の流通センターを作っているところです。新刊を中心に貯めていっている最中です。丸善と文教堂がグループになりましたから、統合システムをつくって対応しようと。データを見て何冊出ているかを掴み、流通センターから、細かく各店に送れるようになれば、本が切れたりはしないわけです」

これは客注への対応だけでなく、問屋任せでは、要望をしてもそのとおりには配本されないという出版業界特有の流通事情にもよる。

「結局、顧客に、本がないぞと怒られるのはわれわれ書店なのです。あんなに売れている本がなんでないのか、と言われるわけです。取次になんとかしてくれといってもしてくれない。それなら自前でやるしかない。あなたのところは速いね、と客に喜んでもらうには、そうするしかないわけです」

この流通センター構想には、「ジュンクは取次まで始めるのか」という風評がたったそうだが、そういう意図ではない。あくまで迅速な客注対応を考えた末の戦略である。そうすれば「たとえ北の果て」でも、ベストセラーが迅速に届くのだそうだ。

なお、ジュンク堂は09年に大日本印刷と資本提携を結び傘下に入り、丸善との業務提携に踏み切った。

現在では、丸善CHIグループとなり、グループ計で90店舗を擁する最大規模のリアル書店に発展した。

流通センター構想は、ジュンク堂単体ではかつて挫折した経験があるそうで、大きくなればこそできるという「規模の経済性（エコノミー・オブ・スケール）」を活かした結果、構想着手になったといえよう。ともあれ、地域で「顧客が欲しい本がすぐ手に入る」という「顧客満足（CS）」を追求した結果、既存の流通システムだけに頼らない方法にたどり着きつつあるわけだ。

リスクヘッジになるのは地域の支援と人材

阪神・淡路大震災から16年後、2011（平成23）年3月11日、またしても東北を大震災が襲った。全国展開をしているジュンク堂およびCHIグループも被害を受けた（東北に10店舗）。工藤にとっては二度目の被災といっていいだろう。

工藤が現地へ入れたのは、東北自動車道が開放された4月2日だという。そのなかでジュンク堂仙台ロフト店は、営業を停止していたが、工藤がみたところ修理しながら再開できると判断。3月22日には再開を果たす。

ここでも、神戸の経験が活きた。

内装に問題もあって、「大丈夫でしょうか、苦情になるのでは」と社員は不安を口にする。だが「絶対、大丈夫。むしろよく開けてくれたと感謝される。客も自宅にはひびが入っているはず。本屋にひびが入っていても驚かない」と断言、11日間で再開した。結果、オープンと同時に多くの客がやってきた。レジには100人以上が並んだという。社員は「開けてよかったです」と喜んだという。

以後も店舗に足を運ぶたびに、「本屋としての誇りを失ったら終わり。再建するなら前よりもいい店にしようと思ってやらないといけない」と社員を鼓舞している。

神戸の震災を機に地方へ出たわけだが、結果全国に店舗をもつと、どこで災害にみまわれるかわからない。もはや多くの店を持つことはリスクヘッジにはならなくなった。

「資金をもっていても、店や資産を多くもっていても、安全ということはない。投資して失敗したら潰れる、店舗は災害でも潰れる。なくならないのは、地域の支援と人材です。神戸のときも、社員が無事だったから再建できたのです」

神戸のとき、「アルバイトを含め社員はいっしょに頑張ってきた仲間。一人も辞めさせるな」と指示を出したという工藤。本屋の財産は、「何よりも人です」と強調した。

注
＊ビジネスモデル特許　ビジネスの仕組を特許化したもの。事業として何を行ない、どこで収益を上げるのかという「儲けを生み出す具体的な仕組」自体を内容とする特許。英語では「business method patent」と呼び、90年代後半、ＩＴの進展とともに注目されるようになった。
多いのはビジネスの方法を、ＩＴを利用して実現する装置・方法の発明に対して与えられる特許である。有名なのは、逆オークション特許、マピオン特許などがある。

Profile

◎工藤恭孝（くどう　やすたか）

1950（昭和25）年、兵庫県生まれ。立命館大学卒業後、父が経営する書籍取次店のキクヤ図書販売に入社。1976（昭和51）年、ジュンク堂書店を設立し社長就任。2009（平成21）年、大日本印刷と資本提携し傘下に。2010（平成22）年、ジュンク堂書店会長就任、丸善の店舗運営部門を分社化し設立された丸善書店社長就任。

◎株式会社ジュンク堂書店（代表取締役社長　岡　充孝）

創　業	1963（昭和38）年（株式会社大同書房として）
設　立	1963（昭和38）年（1976年、株式会社ジュンク堂書店に改称）
資本金	3985万円
従業員	267名
売上高	478億円（2011年1月期）
業務内容	書籍販売を通して地域社会の文化に貢献
本　社	兵庫県神戸市三宮町1-6-18 電話　078-392-1001
事業所	全国26事業所

http://www.junkudo.co.jp/

近畿タクシー

神戸の観光資源を輸送機能でつないでタクシーの予約営業事業を構築

2006（平成18）年から始まったユニークな観光サービスが神戸にある。神戸の有名ケーキ店をめぐる「神戸スイーツタクシー」がそれだ。

スイーツタクシーには複数の企画があるが、そのひとつ、「山から海コース」は、三宮エリアにある有名ケーキ店6店を選び、好きなところへ行ってケーキを味わえる。プラン限定メニューのある「ボックサン三宮店」なら、3個500円で、顧客の名前を入れた菓子のプレートを付けて歓迎してくれる。さらにビーナスブリッジ、しおさい公園といった名所もめぐれるという内容だ。タクシー代は2時間1台で6000円（3名、飲食代別）。

同様のアイデアを横展開した「神戸ビーフタクシー」「Jazzタクシー」「銀幕タクシー」などでヒットを連発しているのが、森﨑清登社長（1952・昭和27年生まれ、59歳）率いる近畿タクシーである。

「ありもの」を機能《タクシー》で「つなぐ」

「神戸スイーツタクシー」に代表されるユニークタクシーの誕生には、長い二つの前史がある。

一つは、タクシー事業を「流し営業」から「予約営業」に替えたことだ。1991（平成3）年、森﨑がまだ社員のときに、ロンドンタクシーに着目し、このクラシックカーを観光事業用に導入した。これが、「流しから予約へ」と事業の発想を変えた端緒である。

二つめは、森﨑が1995（平成7）年の阪神・淡路大震災後、長田区復興の「まちづくり」で関わってきた経験である。

森﨑は、「ありものを使って、タクシーという輸送機能でつないだだけ」というが、「予約営業」の車に、地元の観光地への案内サービスを付加したわけだ。しかも、スイーツ店が観光対象になると判断したのは森﨑である。

「長田の復興支援で、いろいろと経験しまし

神戸スイーツをご案内

た。その集積が、事業のほうにもつながっていったのだと思います」

たとえば森﨑は、復興支援の団体「アスタきらめきの会」の観光部長として、長田の名物をつくるために、地元料理の、ぼっかけ（牛筋にこんにゃくを甘辛く煮込んだもの）を使った「ぼっかけカレー」を考案し、地元食品会社の新製品として売り出すことに尽力している。

「庶民の食卓に並ぶありふれた食材を、レトルトに加工したわけです。それが全国で売れた。すると、喜んだのは地元商店だけではなく、食品会社の営業の社員も、以前よりも胸を張って歩いているわけです。とくに地元出身の社員です。大手に伍して、そういう商品を自社が手がけることができたのが、なによりうれしいのです。もちろん観光客も喜んで買って帰る。みんながうれしくなる。この経験が、タクシーでも活かせたのだと思います」

スイーツタクシーも構造は同じなのだそうだ。

乗客の観光客が喜ぶのは当然として、案内したドライバーも「いいところへ案内してくれて、ありがとう」と感謝され、スイーツ店も「限定メニュー」でもてなして顧客に喜ばれる。さらに喜ばれるアイデアを考案しようとするので、社員のモチベーションも高まる。ちなみに、流し営業で運転手が感謝の言葉をかけられることは、ほとんどないのだという。

いうなれば、「ありもので、なにげないことでも、ちょっとアレンジすることで、三方が得というか、幸せな気分になる」という構造である。

これを、復興のボランティア経験でつかんだのだった。

「復興のとき、書店のジュンク堂さんがサンパル店を逸早く開けられた。私も行きました。あるいは大丸が再開すると、長蛇の列ができた。人は、何を買いに行ったのでしょう。本や商品というのは半分正解で、半分は違うとわたしは思います。ふつうに店が開いている、その光景を見に行ったと思うのです。本が棚に並んで売られているという至極当たり前のことに、素晴らしいと価値を見いだして、喜んだわけです」

そこに発想の原点があるのだという。

「ふつうにやっていることで、続いてきたことには何か価値があるのです。みんな日頃は気づかない。だけどそこに新しい光を当ててみたら、何かいいものに変わるのです。何なにタクシーというのも、その発想から生まれたのです」

新機軸「観光と福祉」を訴える

森﨑は早稲田大学を卒業後、地元神戸の酒造メーカーでサラリーマンを経験したのち、奥さんの父が経営している近畿タクシーに入社した。1986（昭和61）年のことだった。当然ながら跡取りという前提での入社であった。

ところが、仕事が合わず、陰鬱な日々が続いたのだという。

当時は流し営業。タクシーは、手をあげた客を拾って運ぶだけ。

「即時サービス財というそうですが、結局はどこの会社のタクシーでもいいわけです。積み重ねというものが効かない」

電話を取ればクレームか事故。だから管理者をしていても、面白みがわかなかったのだそうだ。

「前職の旧いといわれる酒造業界でさえ、灘の酒ではなく、何々というブランドを客が指名買いしてくる時代になっていました。ですから、近畿タクシーも何とか指名されるというか、客の顔が見えるような方向にならないか、と考えていたのです」

そんなおりに、英国のロンドンタクシーが輸入されるという雑誌記事を目にした。「これだっ」と思った森﨑は、ロンドンタクシーを使った事業を始めようと、企画書を書いて先代社長の部屋をノックした。

「たまたま白い紙を二つ折にして持っていたので、辞表を持ってきたものと勘違いされましてね。わたしがいやがっているのを知っていましたから。先代も神妙な顔をして、まあそこへ座れ、話せばわかる、みたいな顔で向き合ったのです」

そこで紙を広げて見せた。

書いてあったのは「観光と福祉」というタイトル。それに必要なタクシーの種類などを連ねていた。

すると先代社長は、こう言った。

「なんだ、こんなことがしたいのか。だけど、いままでタクシー業界で新しいことをして成功したものは一人もいないぞ」

けれど、ここで怯んでは元も子もないと思い、森﨑は言った。

「そうですか、わかりました。どうか、失敗させてください」

さらに事業を螺旋階段にたとえ、「上っていくうちにきっと、踊り場が見えます。そこで新しい発見ができるかもしれません。それを見たいのです。それは必ず後で活きます」とかさねた。

先代は、「いくらかかる」と聞いてきた。

「1台900万円です」

「何台買うのか」

「1台」

「あほっ、営業車が1台で足りるか。3台買え」

「……」

予約車・ロンドンタクシー登場

こうして、同社初の予約で乗るロンドンタクシーが生まれた。

だが、多くの管理職は白い目で眺め、「成功するわけがない。誰（運転手）も乗らない」とまで言われたそうだ。だけど後へはひけない森﨑は、デザイナーに制服（ホテルのコンシェルジェのような服）を頼み、社内に張り紙で運転手を募集した。

応募者がなければどうしよう、しかたない、自分が乗るか……。

ところが――。

ベテラン二名が乗ってもいい、と言ってくれたのだという。この制服なら、ホテルへ行っても恥ずかしくない、という。

こうしてロンドンタクシー（商品名はポートキャブ、現在も予約貸切制で営業している）が始動した。旅行会社、神戸市観光課、ホテルなどに話をもっていき、主として旧居留地をエリアにしたブライダル用として活路を見いだした。採算ベースにはなかなか乗らなかったが、副次効果はあった。

案内パンフをつくって営業に行く。まずそれ自体がなかったことだ。それでホテルと関係ができた。そこから予約注文がくる。

「ファンができてきたのです。さらに近畿タクシーへの好感度も生まれてきたと思います。たとえばある社長が乗られて、素晴らしいと褒めてくれて、運転手に君は業界のエリートだねと言われて名刺をもらったと報告してきました。感激しているのです。名刺をもらったのは初めてですと。客に褒められるようにする、という意識がなかったんです。それが生まれてきました」

まさしく顧客満足（CS）が社員満足（ES）につながったのである。

このタクシーは旧居留地エリアの2キロを営業エリアと決めていた。そこで走るからこそ「車が浮き立つ」からである。この営業エリアを2キロに限定するという考え方は「神戸スイーツタクシー」も同じで、のちにも活かされた発想である。

「エリアを広げると、客の顔が見えなくなるのです。乗客だけでなくて、関係先のお店についてもそうです。地元のお店や店員のことを知って密着するから、そこと深い関係ができて、新しい提案もできるわけです」

なお福祉には、「リフトタクシー」という、車椅子でも乗れるタクシーを開発し、予約営業に乗り出していった。

この「観光と福祉」の予約で乗るタクシーの導入が、スイーツタクシーのルーツといえる。

そうした新しい取組を始めたすこしあとに、阪神・淡路大震災が起きたのである。

復興イベントにタクシー送迎で協力

森崎は長田区在住だった。長田区は最も激震に見舞われた地区だ。奇跡的にも自宅は倒壊も火災も免れたそうだが、そうはいっても生まれ住んだ周辺は焼け野原になった。

このとき、「なんとか街を、もう一度つくりたい。長田を復興したい」——咄嗟にそう決心したのだという。そこでボランティアとして、社業のあと、街の会合などに個人として顔を出すようになった。まだ一社員のころである。

この間に、タクシーでは、「優しさ」（ボランティアの経験から）をテーマにした、車椅子で乗れる「天然ガス車」を導入し、翌年には人に優しい「ユニバーサルデザインタクシー」に発展させて営業を始めている。

つまり「何々タクシー」は、ロンドンタクシー導入以来、一貫しているコンセプトなのである。なお森崎は1996（平成8）年に社長に就任した。

その後の99年に、長田区の7つの商店街が集まり「復興大バザール」というイベントが開催されることになった。そこで協力を申し出て、駅から会場までの輸送を「天然ガスタクシー」

で送迎する。このイベントの有志が集まってできたのが、まちづくりを推進する会「アスタきらめき会」だ。

森崎はすすんでこの会のメンバーになった。そして2000（平成12）年には、通産省（現経済産業省）支援による「高齢者に優しい商店会づくり」という企画で、復興住宅の高齢者のために、商店街までの無料バス「買いもん楽ちんバス」を走らせている。

こうした活動で、森崎のアスタでの〝位置〟も当然ながら上がっていった。

観光部長として修学旅行生を誘致

震災から5年。復興のほうは踊り場にさしかかっていた。みんなが疲れたような顔をしていて、新しいことをしようという意気が感じられない。商店街は閑散としだしたのである。

震災復興特需ともいうべき、インフラ整備をはじめとする需要は、復興はスピードが求められるだけに長くは続かないのである。

そんなときに会合で、会の有力者から「森崎さん、何か言いたそうやないか、遠慮なく言ってみろ」と水を向けられたので、森崎は立ち上がった。

「ここ長田のまちを、観光のまちにしたい！　そう宣言します」

これが、長田が観光のまちとして再スタートし、のちに土産物の名物を生み、広場には鉄人28号のモニュメントができていく、復興の流れの端緒だった。

しかし、果たして観光客など来るのか、周囲はそう思ったはずだ。この質問にはこう答えたという。

「観光というのは、光を観ると書くでしょう。ここの光は、商店街のみなが頑張ってきた、その事実です。それを、客に語ればいいのです」

「客に語る？　それで、誰が来るというのか？」

「（社会見学として）修学旅行の学生を呼びます」

この企画（復興のまち巡り）は、森﨑が旅行会社に持ち込み実現する。多くの学生（主に中学生）が訪れるようになった。そして、店が復興の名所、店主は語り部ということで学生の質問に答えるという、社会見学をかねた観光になった。

「これで、商店街のモチベーションが上がりました。体験を学生に語ることで、店主側のほうが生き生きとしてきたのです。学習効果はこっちに起きたのです。自分たちはたいしたことをやってきたじゃないかと、自信につながっていった。それでまた活性化していったのです」

いったん、消えかけていた火がまた燃えだしたのだという。

「ボランティアはどこもそうかもしれないですが、アスタは、言い出しっぺが責任をもってやるのが鉄則です。ですから私が自然に観光部長になって、どんどん進めていくことになったのです」

土産ものの名物を、街のなかから考案

修学旅行生を中心に観光客がくるようになれば、次は土産に名物がほしいという話になる。その案として出てきたのが、庶民の味「ぼっかけ」だった。これを土産物にできないかと考えたのである。

商店街での会合のために簡単な「企画書」をつくった森崎は、たまたま別件で訪れた地元の食品メーカーで、用件がすんだあと、そこの部長に「企画書」を見せ、直談判した。

「これで商品をつくりませんか。まちを上げて応援します」

「本当ですか」

「もちろん」

じつは、これはまったくの空手形だった。まちを上げてというのも、ブラフである。理事会の承認さえ取っていなかった。

だから当の部長が試作品をもって商店街にきたときは、みんながこの人は「何をしに来たの

か」という顔をしていたという。それはともかく、森崎は、これを勢いで押し進め、結局、これが「ぼっかけカレー」(MCC食品のレトルト食品)として全国販売されることになり、ヒットした。その後は多くの企業との協賛も実現し、「ぼっかけラーメン」などいろんな商品ができている。

そして最終的には、復興のシンボル「鉄人28号のモニュメント」(作者の横山光輝が地元出身。高さ18メートル、若松広場に設置)をつくるまでになった。完成は2009(平成21)年。「東のガンダム、西の鉄人28号」として話題になり、2011(平成23)年の秋までにおよそ350万人が訪れた。

「こうした経験が、スイーツタクシーに生きたのです。店主の語り部の企画も、ぼっかけも、まちのなかのありふれた、ありものです。それを、切り口を変えることで、生かすことができた。新しい組合せを考えたら、ニーズがでてくるのです」

業務連絡が商品に変わった?

じつはこの話にも、前段階がある。

ありものが、「ところ変われば、新商品として生きる」ということに森崎が実感として気づいたのは、観光部長に就任する前のある出来事だった、という。

ボランティア員として何かできないかと模索していたとき、長田のコミュニティ・ラジオ・FMわいわいのディレクターと知り合いになった。雑談をしているなか、なにか協力できることはないかという話をしているうちに出てきたのが、タクシー会社なのだから「交通情報」を提供してはどうか、という案だった。

「そういうことが、できますか」と聞かれて、「そりゃ、簡単です」と答えました。

「○○交差点前に、車何台が渋滞中といった情報のやりとりは、無線での業務連絡で毎日やっています。それを放送したらいいだけです。もちろん、放送用に加工はしましたが、たいした手間ではありません。アナウンサーが定時に電話をしてきて、近畿タクシーの森﨑さんどうぞ、と言う。それではと、私がすこしかしこまって交通情報を話すだけです。簡単なことです」

ところが、これが大きなヒントになったという。

「会社では、交通情報は、ただの業務連絡です。毎日やっていることです。ところがラジオでは、それが『商品』になる。大発見でした。同時に、それまではボランティアというのは個人でやるものだ、と思っていたのですが、でも会社には個人にはない機能があって、それには価値がある。それなら会社でもやればいいと思ったのです」

お年寄りのために無料で走らせる「買いもの楽ちんバス」や、修学旅行生の駅からの送迎などは、こうして始めたものである。

タクシー進化論会議で、事業が深化

既存の事業の再生法も、この瞬間に見つけたようだ。

まちづくりで実績を上げたものの、会社のほうはというと、どちらかというと旧態依然としたままだった。そもそも客がくるのを待つ事業だし、いくらロンドンタクシーを始めたとはいえ、アイデアを生かす業種業態ではないのだ。

「まちづくりは、人が動きます。ところが会社では動かない。フィールドの違い、モチベーションの違いといってしまえばそれまでですが、しかしなんとかしたい。この落差を埋めたいと思いました。そこではじめたのがタクシー進化論会議です」

どういうことかというと、社員にアイデアを出せと言っても社長のように経験もなく出てこない。かといって社長だけが考えるのにも限界がある。そこで会社のホームページを立ち上げて、そこでアイデアを一般から公募したのだ。そのタイトルが「タクシー進化論会議」で、キャッチフレーズは「あなたの考えたタクシーが、神戸の長田を次々走る」2001（平成13）年のことだ。

「まず1年やったのですが、思っていた以上に応募がきました。3000以上です。当社で選んで実現したら、抽選で商品券をさしあげます、というアイデア募集です」

ここから生まれた代表例に、「料金カウントダウンタクシー」というのがある。これは料金表示のメーターに、90メートル前から、90↓60↓30↓0と表示が出る装置を付けて、客に料金が上がる瞬間を知らせるというものだ。つまり、客は料金が上がる手前で「止めて」と言うことができるわけだ。

「よく乗られる人にはわかることですが、降りる直前で料金が80円上がるという経験があって、客はそれに腹がたつわけです。〝80円ストレス〟といいます。それを解消しようというわけです」

タクシーに乗っていて、その信号を右に入ってと言うと、入ったとたんに料金が上がることがある。そこで降りるのだったら、その前で降りて歩けばよかった、となる。それだけでなく、そこで文句を言われる運転手もいて、「それなら660円で構いません」とやると、その80円は運転手が自腹を切ることになるのだ。客だけでなく、客と運転手の双方に、この「80円ストレス」は存在するのである。

「メーター業者に話すと、装置代のコストがかかって、しかも運賃は安くなる。意味ないじゃないか、というわけです。だから少し迷いました。だけどまちづくりの経験が活きたのかもしれませんが、双方が80円ストレスから開放される。なにげないことだけど、何より顧客満足になると思いました。だからやったのです」

このカウントダウンタクシーは、新聞紙上で夢のタクシーといわれて評判になり、業界で初めて顧客の目線に立ったサービスと評された。

「結果は、ドライバーが客に褒められる。いいことをするね、これからは近畿に乗るよ、と言われるわけです。運転手もストレスから開放された。しかも売上は下がらなかったのです。むしろ伸びました」

見方をかえれば、これは「低価格タクシーの実現」ともいえる。

「大手のタクシー会社は当局ともめながら、価格決定権の問題をあぁだこうだとやっています。だけどメーターに装置をつけるという発想なら、もめずに80円を下げたのと同じでしょ」

業界の常識は、世間の非常識。タクシー業のような認可制の事業では、そういう点が多々あるのだという。そこでどう対応策をとるかは、考え方次第。真っ向から行政にかみついて裁判という例もあるが、アイデアでも十分対処できる、と森崎は言う。

アイデアを採用するしないに関わりなく、タクシー進化論会議には、客の目線で見て、「こうしてほしい」というアイデアが多くきた。このころから、会社全体が、新しいことを、「やって試してみる」という方向に変わっていったのだという。なお、この企画は期間を区切って実施しながら現在も続いており、ユニークタクシー開発の「素（もと）」になっている。

それにしても、顧客目線の進化論会議というのは言い得て妙で、優れた発想だ。

どういう業態であっても、いずれは停滞期を迎える。それを革新する方法としては、「三つの進化」があるという。

それは「伸化」、「深化」、「新化」だそうだ。

近畿タクシーは既存事業を観光と福祉（リフトタクシー）のテーマにもっていき、事業の領域を伸ばした（伸化）。さらに、ありものを使って、他の事業（スイーツ、ジャズ、映画）および地域と関係を深め（深化）、結果的には、「ぼっかけカレー」や「鉄人28号」、「修学旅行生の社会見学」といった新しい観光サービスを生み出した（新化）。

地域活性化と事業の発展を実現させた好例といえよう。

まちづくりから少し遅れて、会社の「事業起こし」も進んでいった。進化論会議で、供給側の論理ではなく、需要側＝顧客の目線を取り込んだサービスが、続々と開発された。

神戸マラソン、神戸牛、映画と企画は多彩

塾の子供を送迎する「安心かえる号」、花見客が帰るための「桜咲くタクシー」、海水浴客が水着で乗れる「海のタクシー」などが一例だ。

スイーツタクシーにつながる

そうしたトライ&エラーの流れで行き着いて大ヒットしたのが、名菓子店を巡る「スイーツタクシー」なのである。

「神戸で、なにげないものとは何かと考えたら、ケーキ屋が浮かんだのです。だけど、そこは名所とはいわれていなかった。それなら名所に変えることができないかと、有力な店を1軒1軒説いて回りました。京都には金閣寺、銀閣寺がある。それが神戸ではお宅です、という大げさな言いかたもしました。相手には、金閣寺ねぇ、と困惑されましたけど」

スイーツ店と近畿タクシーのあいだには、何も特別な契約があるわけではない。取次料などの料金も取っていない。「それは顧客に還元してください」と言ったのだという。

「わたしのほうは庇を借りるだけです。ユーハイム、アンリシャルパンティエ、モロゾフ、風月堂……と、錚々たる全国ブランドですが、神戸のありものには違いありません。それをタクシー機能でつないだわけです」

訪ねた客は、自分の名前のデコレーション付きスイーツで迎えられて大喜びする。タクシー運転手も感謝され、スイーツ店もつくった職人さんが喜ぶ。みんなが生き生きするのは、まちづくりで習得したやり方でもある。

「それまでは、タクシーは公共交通機関といいつつ、ただ走るだけ。地域密着サービスなんてしていなかったのです。まちづくりに関わってみて、はじめて気づいたのです。商店街は地域の受け皿、客は地元の市民。これをつなぐのが運送業者であるわれわれ。考えたことは、何をどういう形でつなぐかです。それを発展させたら、本業のほうでも生きたわけです」

ロンドンタクシーから始めた「予約営業」が、いまは60％のシェアになったという。顧客満足（CS）を追求し市場性を考えたら、「今後はほとんどが予約車になるのではないか」と言う。

いまや「長田の観光宣言をした男」としても有名になった森﨑は、2011（平成23）年3月に起きた東日本大震災での被災地からも、講演などに呼ばれているという。

森﨑は地域活性化の秘訣を、こう語る。

「出会って、つながって、ひろがってが、大切です。そのどこを担うかは、その人次第ではないでしょうか。それと、5年、10年と節目を設けて頑張ってみること。それと、はじめに金儲けを考えたらダメです。〝人儲け〟をする、と思うことです。知り合いになって何かが起きる。うまくいったら、あとから自然とお金もついてきます」

Profile

◎森﨑清登（もりさき　きよと）

1952（昭和 27）年、神戸市生まれ。早稲田大学法学部卒業。神戸の酒造メーカー勤務ののち、1986（昭和 61）年に義父が社長を務める近畿タクシー入社。1996（平成 8）年、社長就任。英国製のロンドンタクシーを活用した観光タクシーを考案したのを皮切りに、予約車による営業に注力。「神戸スイーツタクシー」などユニークなタクシーをヒットさせた。2010（平成 22）年度、日本生産性本部が運営している「実行力ある経営」の「継続」認証を受ける（この認証は日本経営品質賞受賞のためのステップと位置づけられている）。

◎近畿タクシー株式会社

創　業	1955（昭和 30）年
設　立	1952（昭和 27）年 7 月
資本金	1000 万円
従業員	75 名
売上高	2 億 7000 万円（2011 年 10 月期）
業務内容	バス・タクシーサービス事業、指定訪問介護事業
本　社	兵庫県神戸市長田区上池田 5-5-18 電話　078-691-0101
事業区域	神戸明石阪神間　バス（兵庫県内）認可車両 58 台

http://www.kinkitaxi.com/

宮﨑本店

「地域の誇り」とされるブランドの創造で四日市の蔵元ファンを全国に拡大

熱い支持を得ている伝統産業

宮﨑本店（三重県四日市市）は、東京下町の居酒屋では熱狂的なファンに支持されている焼酎（甲類）「キンミヤ」のメーカーとして知られ、地元三重県では、清酒「宮の雪」の蔵元として知られている。

1846（弘化3）年創業と、165年を超える歴史をもち、現在も創業時と同じ場所で経営を続けている。年商は36億円（2010・平成22年9月期）。社員数70人。東京に支社を置き、ニューヨークにも支社を置く計画がある。

四日市市の周辺には、もともと酒造りに適した水が豊富にあった。鈴鹿山系の伏流水で、超軟水という特徴がある。また周辺には、日本酒の原料となる山田錦の生産地がある。さらに、海運によって主要都市に運ぶことができる地の利もある。

四日市市楠町では、大正、昭和初期にかけて、30を超える蔵元が競っていたという。だが、徐々に小さな蔵元では経営が難しくなっていくなかで、宮﨑本店は、それらの蔵元をすべて引き受けてきた。そのため、敷地は約８０００坪（２万６４００平米）と、町の一角を占めており、道路や水路で区切られている。

こうした歴史をもつことから、１９２１（大正10）年頃に立てられた事務所、黒壁の貯蔵庫、倉庫の６棟が、１９９６（平成８）年に文化財建造物として登録されている。

地域の誇りを建造物でも守る

日本酒離れ、少子化のなかで

宮﨑由至社長は、１９８７（昭和62）年に六代目の代表取締役に就任したが、それ以前から、経営の品質、そして地元との深い関係を大切にしてきた。

清酒の消費量は、1970年代をピークとして大きく低下している。75（昭和50）年度には167万リットルあったものが、89（平成元）年度は134万リットル、そして09（平成21）年度は61万リットルにまで低下している。ピークの半分にも満たない消費量である。いわゆる「日本酒離れ」だ。

焼酎は、甲類（連続式蒸留）について見ると、75（昭和50）年度に12万リットルだったものが、第一次焼酎ブーム（六・四のお湯割りが中心）にのって拡大。85（昭和60）年度には、36万リットルへ。第二次焼酎ブーム（酎ハイ、本格焼酎）に引き継がれ、09（平成21）年度には46万リットル、乙類（単式蒸留）と合わせると96万リットルにまで拡大している（国税庁統計）。

少子化、日本酒離れ、またはブームといった市場の変化を、宮﨑社長は目の当たりにし、大手と同じことをしてもダメだと、独自の経営を目指すことにした。それは、地域に根ざした企業としての強みを活かすことだった。

社員持株会による一体感

宮崎が専務だった1982（昭和57）年に、社員持株会をつくった。このとき4500万の資本金を5割増資し、それを社員にもたせた。現在も、33・3％の株を社員がもっている。

「経営参画といった面だけではなく、会社と社員とが、いい意味での緊張感を保つ関係をつくりたかったのです」

これは、第一次焼酎ブームで得た利益を原資としたもの。臨時ボーナスでは、一度だけになってしまうかもしれない。それではもらう側からすれば、不満の種になるだろう、もっと継続性のある形にしたい、と宮崎は考えたのだ。

それは、組合との交渉を長年やってきた経験からくるものだった。

「会社は経営の内情を見せず、組合は当てずっぽうに要求する。こうした関係はお互いに疲れますし、不信感ばかり募って、いいことはないですから」

社員は、経営の実態を株主としてすべて知る立場になる。組合員であり株主でもある社員もいる。すると、これまでの対立だけの関係から、「こうすればもっとよくなるのではないか」といった建設的な話し合いができるようになった。

「お互いに同じ土俵で考える関係が生まれました」

以来、最低1割以上の配当を続けてきた。1割配当が10年続けば、2倍になる計算だ。しかも、配当はキャッシュで渡しているため、地元でも「あの会社は毎年、社員に配当が出る」と評判になった。

日本では欧米に比べると、ファミリービジネス（同族会社）のイメージは必ずしもいいとは限らない。それは、経営側と社員の距離が離れすぎて、搾取関係のように見えるからだろう。

だが、安定性、継続性、責任の明確化、スピーディーな意思決定など、同族会社にはよさもある。宮﨑はそのいい面を拡大していこうと考えていた。そのためには、オーナーシップに寄りかかるのではなく、リーダーシップを発揮しなくてはならないと期していた。

同社は、これまで一度もリストラをしたことがない。

リストラは、安易にしてはならないことは自明である。経費が節減され、短期的には経営が回復しても、「仲間がリストラされた」「自分もいつリストラされるかわからない」といった意識が社員のモチベーションを下げ、社員満足度（ＥＳ）を低下させ、ひいては業績を下げてしまうからだ。中小企業においては命取りになりかねない。にもかかわらず、その断を下しがちな経営者が多いなか、宮﨑は慧眼である。

また、歴史的な建造物があるからこそ、社員の安全を重視してきた。

「造り酒屋の象徴とも言える古い高い煙突があったのですが、危険なので撤去しました。文化財としての建物の耐震性を高めると、文化財ではなくなりますので、大きな地震のときには倒壊することを前提として、社員の安全性強化を図っています。たとえばシェルターを設けるといったことです」

その費用は大きなものとなるだろう。しかし、安全はタダでは得られないことを、経営者も社員も理解することで、思い切った費用をかけることが可能になる。

「フラットな会社となって、すべての情報も公開しているので、私もストレスがありません」

と宮﨑は言う。

お客様は誰か？

宮﨑は社長就任以前から、経営品質の向上に取り組む姿勢を見せてきた。その後、花開くことになるモンドセレクションへの挑戦、そして品質に関する「ＩＳＯ９００１」の取得（１９９９・平成11年）、環境に関する「ＩＳＯ１４００１」の取得（２０００・平成12年）といった国際標準規格の取得がその象徴だ。

きっかけは、三重県としてＩＳＯ取得企業を支援する制度が生まれたことだった。96年頃から取得に向けた準備を開始する。その頃はまだＩＳＯの認知度が低かったのか、役員たちの反応も鈍かった。清酒業界では石川県で一社が取得していただけで、大手メーカーも取得していなかった。大手もやっていないことを、なぜやるのか、という空気になる。

「大手がやらないから、やろう」と宮崎は主張した。大手から中小へ、という流ればかりにとらわれたくなかったのだ。手本がない、役員たちも懐疑的、という逆風のなかで準備を進め、とうとう99年に「ＩＳＯ９００１」を取得する。その余勢を駆って「ＩＳＯ１４００１」も取得した。

免許制に守られてきた保守的な業界の枠を、一歩踏み出した。

もともと品質を第一と考えていた同社だが、とくに宮崎はそこに強いこだわりがあった。たとえば年間に４万５０００本の一升瓶を出荷したとする。ラベルが曲がっているといったクレームが顧客から寄せられることがあった。つくる側からすれば４万５０００もあるうちの１本でも、お客にとっては１本のうちの１本である。

また、本社・工場は一つの町のように広いが、そのどこかの片隅でタバコを吸って、吸い殻を捨てる社員がいたとする。それが目撃されたことによる影響はどうか。

ちょっとした行為が、決定的な評価につながりかねないのである。とりわけ、日本酒離れ、少子化といった市場の状況を鑑みれば、そうしたことで失う一人のお客様がどれだけの痛手なのか、社員全員が自覚していなければならない。

顧客満足（ＣＳ）を高めていくには、当然、それを全社で追求する姿勢がなくてはならない。ＩＳＯの取得はその第一段階だった。

こうした取組の一方、市場は激変していった。流通が大きく変わり、町の酒屋ではなく、スーパー、コンビニで酒を買う消費者が増えた。一升瓶から紙パック、ビンからカンへと変わっていった。

そのなかで、宮﨑の頭をふと疑問がよぎる。

「もしかして、私が考えているお客様と、社員が考えているお客様は、違うのではないか？」

月に1度、午後の2時半から5時まで仕事の手を止めて、全社員によるグループ討論をはじめた。

2001（平成13）年度の三重県経営品質賞「奨励賞」、翌02年度の同「優秀賞」の連続受賞につながっていく活動の一環である。ちなみにこの経営品質賞は、とくに経営品質の3要素である、社員満足（ES）（注）、顧客満足（CS）（注）、企業の社会的責任（CSR）（注）が経営成果に反映できている企業を表彰する顕彰制度だ。さらに03年にはモンドセレクション（世界酒類コンクール）で「宮の雪」が金賞を受賞。1984（昭和59）年以来長年にわたって高い評価を受け続けている。

「顧客の概念そのものが統一できていなかったことがわかって、愕然としました。顧客になにを訴えていくべきかが、統一できていなかったのです」

代理店の仕入担当者を顧客と思っている人、ドライバーが顧客だと思っていた出荷の担当者などなど。全員が、同社の製品を消費するエンドユーザーこそが「お客様」と考えているわけではなかったのだ。

グループ討論を通じて、「最終のエンドユーザーこそ顧客である」という認識を共有するようになった。

宮﨑は、「ISOは会社の骨組で、経営品質は血と肉です。血と肉が通わないと、本当の意味での会社の体は成さないと思いました」と語っている。

ブランドとはなにか?

「ブランディングも討論しました。私が目指しているブランドと、社員の考えるブランドが違うかもしれないからです」

ある者は、ルイ・ヴィトンのようなブランドをブランドと考えていた。ある者は大手酒造会社のもつようなナショナル・ブランドをブランドととらえていた。

「私たちが目指すブランドはなにか。それをはっきりさせなければ、私たちがやるべきことがまったく違ってきてしまいます」

会社そのもののブランドをどう考えるか。グループ討論で徹底して考え、共通認識をもつようになった。

お客様を「20歳以上のお酒を飲む人全員」としてしまうと、間違いではないが、同社にとっては正しくない。大手のようなナショナル・ブランドとは違うからだ。

「ある意味で当社は、お客様から選ばれるブランドです。選んでいただいたお客様にきちんと対応することが大切になります。しかも清酒『宮の雪』と、焼酎の『キンミヤ』でも違うはずです」

清酒、焼酎のあるべき姿を社員たちが討論して考えていく。その結果、清酒「宮の雪」は、三重県の地酒だ、という点に行き着く。そこで「三重県を代表する酒」という位置づけがはっきりしてきた。

「キンミヤ」は、東京下町の居酒屋で圧倒的な支持を得てきた。そこから「下町の居酒屋を支える名脇役」と位置づけた。

この結果、劇的に会社の活動が変わっていった。

清酒は、三重県の地酒として「正月やお盆で帰省する人がおみやげにするお酒」として、贈答用となる高級さ、高品質が求められる。つまりは紙パックで大量生産するような、日用品としての販売はしてはいけないことが明らかになる。

焼酎については、業務用の容器によって大量に卸す方式は、同社のブランドにふさわしくないことがわかった。原料として扱われ、値引競争に巻き込まれるだけだ。そこで、業務用の要望があれば提供するものの、価格は下げない方針を打ち出す。事実上の業務用大型容器からの撤退だ。

「エンドユーザーが居酒屋で飲んでいるときに、『いま飲んでいるのはキンミヤだ』とわかっていただかなければ、ブランドではないことに気づいたのです。もし、それがわからないままであれば、ただの原料に過ぎません。原料からの脱却を図らなければ、ブランドづくりはできないのです」

居酒屋などへの卸しも1・8リットル以下の小瓶を中心にした。エンドユーザーが「このお店はキンミヤを扱っている」とわかるように。この結果、たとえばよく知られている下町の名店と呼ばれる居酒屋には、壁にずらりとキンミヤの600ミリボトルが並ぶようになった。それをほかの居酒屋も見学にきて、「どうすればキンミヤでお客様を呼べるか」を研究する。

この地だからこそできる味

「当社は酒類・食品の製造販売を通じて社会に貢献できる企業を目指します」という経営理念も、こうしたグループ討論により3年ほどかけてつくり上げたものだ。しかも社員の発案によって、全製品のラベルにこの理念を掲げている。

「たとえばフランスのワイン。ボルドーのシャトーマルゴーが、ユーロの為替変動の影響を受けて、南アフリカでつくられることになった、などということはあり得ないですよね。私たちも同じです。ここでしかつくれないものをつくっているのです」

場所を変えて日本酒や焼酎をつくることはできても、それは別のブランドになってしまう。清酒づくりは、米、水、そして発酵技術が要だ。そのために、同社は南部杜氏に指導を受けている。だが、杜氏も高齢化が進んできており、その杜氏からの提案もあって、社内杜氏を育成しつつある。

本来、蔵元では杜氏を抱えることはなかった。杜氏の多くは農家として自ら米をつくっている。だからその年の米を熟知しており、米に合わせた酒づくりができる。

ずっと会社にいる者には無理、というのがこれまでの発想だ。しかし、高品質の清酒をこの場所でつくり続けるために、あえて社内杜氏の育成も考えているのだ。

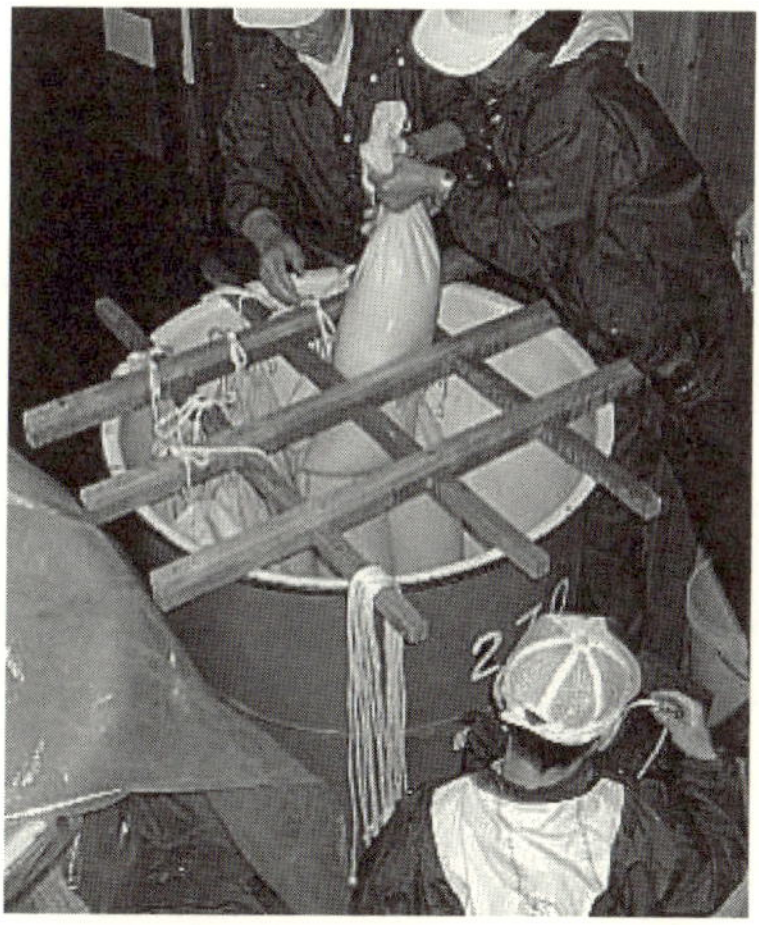
米に合わせた酒づくりがされる

週休2日制の時代とはいえ、酵母に休みはない。その時期になれば、泊まり込みの仕事になることもある。

「お酒づくりは、お酒が好きな人でないと辛い仕事になってしまいます。お米づくりも似ていて1年がかりです。しかも工業化とは少し違います。複雑ですし、人知を越えた部分も感じられます。最後の最後は、人間の力ではなく、自然の力で完成していると思います」

工業化できない部分、つまり形式知（注）だけではなく、暗黙知（注）が品質を左右する。機械化やベルトコンベアー型の一貫生産とは異なり、長年の蓄積を要する技能が必要となるのだ。しかも、土地、水、空気、そして人、それが揃わなければならない。

「現在のこの環境が維持されない限り、私たちは生産を続けられなくなってしまうのです。ですから、ＩＳＯはもちろん、地域の環境が疲弊しないように、一緒になって取り組んでいかなければなりません」

それは、地域を支えているほかの企業、産業も同じだろう。地域の企業や産業が衰退すれば、その影響はお互いに大きい。地域との運命共同体として企業は存立するのである。

「私たちには、著名な音楽家を呼んでコンサートを開くような資金はありませんが、ほかの貢献ならできます。たとえば、社員たちは自主的に地域の清掃活動に参加しています」

経営理念で「社会に貢献できる企業を目指します」とし、経営方針でも「社会との調和を大切にし、地域社会の発展に貢献出来るよう努めます。会社と地域社会がともに繁栄することを願います」としている。

楠町の清掃運動に、当番制で参加していた時期があった。当番はいやいや清掃に参加するしかない。だが、この理念をつくり上げてからは、50人もの社員が自主的に参加するようになった。しかも会社のトラック、フォークリフトを使っての清掃活動に発展した。

経営理念の共有が、社員の社会貢献への意識を変えたのだ。

モンドセレクションへの参加も、品質を示すだけではなく、地域貢献にもつながっている。

「25年連続金賞の表彰を受けたというニュースが地域に流れたとき、私が墓参りに行くと、見知らぬ人から、『地域の誇りや』と言われたのです。涙が出ました。地域を代表して世界に出て行くことも、地域貢献の一つだと思うのです」

三重県在住の人が、東京に出張に行ったとき、店で同社の商品を見て、「あれは私たちの地元の酒だ」と誇りに思ってもらえるようなブランドとなることも、地域貢献である。

そして、地域の経済への貢献として、雇用を創出、維持し、社員の命と財産を守ることも大事なことだ。

「当社は一度もリストラはないですし、定年は60歳ですが、みんな延長して65歳までは平気で働いていています。おじいさんから孫まで三世代働いている人もいます。家族の顔も見えます。

いいことが多いですね。地元密着は」

中小企業の経営者にとって、親が社員で、その子どももまた自分の会社で働いてくれることほどうれしいことはないそうだ。宮﨑はその喜びを知る経営者だ。

「カルト市場」を狙え！

その宮﨑本店は、また新たな変革の時期を迎えている。

たとえば「キンミヤ」が、増産につぐ増産を続けている。「知る人ぞ知る」ブランドとして、じわじわと市場を広げているのだ。

そもそも、地元から遠く離れた東京下町で同社の「キンミヤ」の人気が高い背景には、大正期、関東大震災のときに、他社が被災した店からの代金回収に走るなか、同社だけは水などの救援物資を船に積み込み、得意先に配って回ったという歴史もある。その意気を感じて、多くの店がその後、キンミヤ贔屓になっていった。

「東京下町で圧倒的に支持されています。それがいま、下町から山の手まで広がっていまして、この3、4年ほどは毎年、20％ぐらい伸びています」

コストパフォーマンス重視の客が増えていること。それでいて、昭和レトロなイメージをもちながらも、おしゃれな感じがある。

こうした独特の市場を、宮崎は「カルト市場」と呼んでいる。「ニッチ」よりも狭く、特別な市場という意味だ。そこには少数ながら熱狂的なファンがいて、そのファンがクチコミで客を増やしていく。

たとえば、BS-TBSで放映中の『吉田類の酒場放浪記』という居酒屋めぐりの番組がある。その視聴者、そしてそこに出てくる店とその客は、典型的な同社の客層だ。

「お客様をしっかり見ることで、それに商品を合わせていく。私たちの活動を合わせていく。これをしないと、中小企業は勝てないのです。生き残れないのです」

たとえば、全国に流れるようなテレビCMを打つ、といった手法はとても取れない。また、むしろやってはいけないことだ、と言う。

一方、大前研一氏がその著書『サラリーマン・サバイバル』(1999・平成11年刊、小学館文庫)のなかで「日本酒は三重県の五十鈴川の水で作った『宮の雪』、水は『クリスタル・ガイザー』と決まっている」と書いている。大前氏は熱烈な「宮の雪」ファンの一人だったのだ。この本でそれを知って以来、宮崎との親交が生まれたという。

大前氏はなぜそう語ったかといえば、それは「友人に出すときに、一言『物語』が語れるからだ」としている。

味、品質だけではなく、物語のある商品でなければ、生き残れないというのである。

また、「キンミヤ」も、たとえば北村薫氏の『飲めば都』（2011・平成23年刊、新潮社）に登場している。9話目の「王妃の髪飾り」のなかに「素直で口当たりのいい」と詳しく特徴が描き込まれていた。

こうしたことは、お金をかけて仕掛けてできることではない。熱狂的なファンがいて、支持してくれる店があるから、物語に登場する必然が生まれる。

「こうした熱狂的なファンたちは、中小企業にとっては大切な市場なのです。顧客が減少し、市場が小さくなっているとよく言われますが、そうではないのです。まったく逆で、顧客をそぎ落としていく。選んでいかないと、生き残れないのです」

全方位を向いて、「すべての消費者がお客様」だとすると、中小企業では手に余る。たとえば「高すぎる」「サービスが悪い」といった声があるとすれば、それは、誠実に商品をつくり、それほどかけ離れた価格設定をしているのではない限り、自分たちの客の声ではないのかもしれない、と気づかなければならない。

「カルト市場では、そうした一般論としての批判はほとんど聞かれなくなるのです。むしろ『安すぎる』と言われたりすることさえあります。建設的な提案を多数、お寄せいただきます。そうしたお客様をしっかり見据えて経営しなくてはならないのです」

提案型営業ができるようになった

大メーカー、大型店が対象とする大きな市場には、新しい供給者が次々に参入する。いくら最安値を提示しても、「ちょっと待ってくれ」と言われ、新たな最安値を提示するメーカーが登場する。

「こうした不毛な価格競争をしていると、提案型営業などできません。ただひたすら値引きだけの交渉です。ストレスで担当者もまいってしまいます。私たちは、そういう市場を相手にするのをやめましたし、値下競争にも参加しません」

それによって、提案型の営業を中心に活動できるようになった。社員の表情も変わった。営業の楽しさに気づいたのだ。

たとえば「居酒屋産業展」に出展し、毎年、プロのお店に向けた新しい飲み方の提案をしている。同社の家庭向けのパンフレットには、「キンミヤ」の楽しみ方として、20種類以上のレシピが紹介されている。

超軟水でつくられた焼酎であることから、割った相手の風味を損なわずに自然に融合していく点が大きな特徴だ。「名脇役」としているのは、そうした意味も含まれている。

それによって、「この酒でなければ」という存在感が際立ってくる。

2005(平成17)年に、「IT経営百選」の最優秀賞を得る。それを「こうした老舗がやっているから珍しいのでしょう」と宮崎は言うが、その頃、すでに営業の日報は全国で共有できるシステムになっていた。

東京支店では10人の営業担当者で、東京から北海道までカバーしている。その日報が翌日にはウェブ上で読める。一瞬にして、どこでなにが起きているのか、市場がわかる。写真も添付できるので、店頭での置き場所やレイアウト例などを得意先に見せながら、提案することもできる。

「値引きだけの営業になっていたら、こうはいきません。値引きした相手になにかを教える気になる人は少ないでしょうし、くたくたになってしまって、そこまで考えられなくなってしまうでしょうから」

スケジュール管理ソフトを使い、社長以下、わかっている限りのスケジュールを社員が共有している。

「こうした仕組を入れても、しばらくすると社長や役員が利用しなくなり、部下の予定をチェックするだけの監視装置になってしまうことも多いそうなのですが、私は半年先でも1年先でも、わかる限り、全部入れています。だから、出張先で部下が私の空き時間を見つけて予定をセッティングしてくれたりするのです」

少ない人員で広い市場をカバーしている以上、効率化できる部分をしっかりつくり上げることも大切だ。

中小企業としての覚悟

以前、業務用の大容量容器での販売から事実上の撤退を決意したとき、同社の焼酎がすべて売れなくなったら、売上の4割が失われてしまう可能性があった。

宮﨑は金融機関に、「これからは、新しいやり方で売っていきたい」と説明し、理解を求めた。一時的な落込みはあるだろうが、原料からの脱却が、同社にとっては必要なことなのだ、と。

実際、半年ほど売上が減った。

「そこで慌てて、やっぱり、もう一度元に戻そう、なんてやったら、アウトでしょう。経営者として、腹をくくらないと会社はおかしくなってしまいます。そこだけは譲れません」

宮﨑は、「気にするな」と言い続けた。社長に就任して以来、「オーナーシップよりリーダーシップ」と考えていた。会社を所有することが大切なのではなく、経営者としての覚悟をもち、リーダーシップを発揮しなければならない、と。

「つい、経営者も戦略と戦術をごちゃごちゃにしてしまうのです。戦略はきっちりと決めて、簡単に変えてはいけません。戦術は相手に合わせて対応していく。戦術は、お客様と対応しているフィールドの担当者が力を発揮するものです」

点が入らないからと、監督がフィールドに入ってボールを蹴ろうとして骨折する……。宮崎はそう喩える。

社長は、選手ではない。自分で点を入れにいっても、骨折するのが関の山、という考えだ。ただし責任をもって戦略を見据え、腹をくくって実行する。そして思ったように業績が上がらないのは、戦術が悪いのか、戦略が悪いのか。そこを見極める。

「家業として考えると、昔は私も古めかしい、保守的だ、いやだなと思ったこともあったのですが、むしろ古い業界だからこそ、新しいことができたのです」

宮崎は加えて強調する。

「ISOとか、IT化とかを考え、ホームページ一つをつくるにしても、中小企業はなかなかやりきれないものです。最初だけになってしまう。そこを突破するには、覚悟が必要です。やるからには、やり続ける。徹底して活用する。その覚悟が必要なのです」

流行だから、時代だからと仕方なく手をつけていいのか。そこに中小企業としての覚悟があるか。それを宮崎は自問自答している。

続けられないものなら、むしろやるべきではない、逆効果だ、と言い切る。

それだけに同社は、たとえばホームページも、開設したらなにがんでも継続すべく、週1回は必ず新しい情報を追加するようにし、社長自らコラムも書いている。それがまた、ファンを引きつけるのだ。

カルト市場では、いまやネットを通じて、さまざまな情報が、ひたひたと伝わる。それだけに、一本筋の通ったことをしっかりやり続ける覚悟が求められるのだ。

世界の市場に、三重県を代表するブランドとして

モンドセレクションに最初に取り組んだのは、1983（昭和58）年だった。国内の清酒の品評会は「技術」が中心で、味や品質の評価がはっきりしない。また、日本酒の海外での評価を知りたくもあった。

最初は銅賞を得る。そして翌84年から金賞を連続して取ることになる。モンドセレクションは主に欧州を中心としたコンテストである。そこで、2005（平成17）年には米国のBTI（飲料審査研究所）の純粋に味覚で評価するコンペティションに応募し、いきなり金メダルを獲得する。

モンドセレクションの縁で、ベルギーに本社を置く卸会社ガストワールド（GUSTO WORLD）との取引がはじまった。

世界で日本料理が定着しているうえに、魚介類に合うお酒としての日本酒への関心も高まっている。そのなかでガストワールドは日本料理店向けではなく、フランス料理店やビストロ向けの商品として極上、大吟醸、純米の「宮の雪」を販売している。

また米国でも、ニューヨーク、サンフランシスコなどの店に置かれるようになっている。このため、ニューヨーク支店を開設する計画を進めている。

三重県で、この地だからできる清酒が、世界の市場へと広まろうとしている。

「1年に1回しか日本酒はつくれないのです。ワインに比べると、日本酒のほうがまだ技術でカバーできますから安定しているとはいえ、毎年同じものはできないのですから、長生きしても、30作品、40作品しかつくれません。フランスの有名なシャトーもそうやってブランドを築き上げてきたはずです。これからも、そうした酒づくりを続けていきたいのです」

ロマネ・コンティ（Romanée-Conti）を一つの目標としている。

ロマネ・コンティの年商は約15億円の規模という。だが、世界的なブランドとして最高の評価を得ている。規模としては中小企業でありながら、社員満足（ＥＳ）、顧客満足（ＣＳ）、企業の社会的責任（ＣＳＲ）が世界でも屈指のレベルであることでも知られている。

身の丈にあった市場開拓、地域との関係づくり、ブランドを確立するための努力、そして自分たちのことを理解してくれる顧客を求めていく姿勢は、中小企業の一つの生き方を示しているといえよう。

注

＊社員満足（ES）　企業において従業員がどれだけ満足を得ているか。顧客満足（CS）を向上するためには、社員満足（ES）を向上させなければならないとの考え。

＊顧客満足（CS）　顧客がどれだけその企業の製品やサービスに満足をしているか。顧客満足を高めることで売上を増大できる、という考え。

＊企業の社会的責任（CSR）　企業が利益のみを優先するのではなくステークホルダー（顧客、株主、従業員、取引先、地域社会など）との関係を重視し、そのなかで社会的責任を果たさなければ、存在意義が低下し、存続がむずかしくなるという考え。

＊形式知　文章や図表、数式などで表現、記録できる知識。共有しやすい。

＊暗黙知　経験、勘に基づく知識。言葉にされておらず、記録、伝承、共有がしにくい。

Profile

◎宮﨑由至（みやざき　よしゆき）

1947（昭和22）年、三重県生まれ。慶応義塾大学経済学部卒業後、キッコーマンを経て1972（昭和47）年宮﨑本店入社。1976（昭和51）年専務、1987（昭和62）年代表取締役就任。

◎宮﨑本店

創　業	1846（弘化3）年
設　立	1951（昭和26）年株式会社として法人化
資本金	6750万円
従業員	70名（正社員）
売上高	36億円（2010年9月期）
業務内容	酒類・食品製造および販売
主要製品	清酒、合成清酒、焼酎、みりん、ウイスキー、リキュール類
本社・工場	三重県四日市市楠町南五味塚972 電話　059-397-3111
東京支店	東京都中央区新川1-3-9 電話　03-3552-3838

http://www.miyanoyuki.co.jp

ラッキーベル

スクールシューズ製造の経営革新で神戸・長田地区の伝統産業を守り続ける

ラッキーベル（兵庫県神戸市）は、「ゴムの町」「靴の町」として知られる神戸市の長田地区にあって、ベルマークのついた唯一の児童生徒向けスクールシューズを販売している。少子高齢化時代に対応して近代化を推進し、阪神・淡路大震災を乗り越え、神戸の特性を活かしながら、社会への貢献を主軸とした経営革新を進めている。

創業は１９６１（昭和36）年、地元のゴムメーカーが共同出資した組合「ラッキーベルシューズ」である。

その前年にはじまったベルマーク運動に参加し、小学校、中学校の学校体育靴を普及していこうという目的であった。ベルマーク運動を推進するために、社名に「ベル」の文字を入れた。

神戸市の長田地区は、１９０９（明治42）年に、住友ゴムがダンロップの工場を神戸に誘致、日本初の近代的なゴム工場が生まれたことから、大正期にはゴム製履物産業が誕生。「ゴムの町」「靴の町」として靴の生産者が集積していた。

一時は、全国のケミカルシューズ（合成皮革の靴）の8割がこの長田地区で生産されていたという。産地型産業クラスターとして、関連する企業が集積していたのである。そして大小さまざまなメーカーがあるなかから、スポーツシューズに特化して大をなしたアシックスなども生まれた。

地元の組合からスタート

ラッキーベルシューズは、企画開発・販売を担当し、製造は組合員である地元のゴムメーカーが担当していた。

1969（昭和44）年、ラッキーベルVシューズが、人間工学的体育教具として実用新案登録された。いわゆる「前三角ゴムシューズ」として知られる。

「第二の心臓とも呼ばれる足の大切さを理解し、成長期の子どもの健全な育成を足元から支えよう」と、地道な運営が続いた。

経営の強化が急がれるなか、1991（平成3）年、組合員の1人が株式を買い取る形で、株式会社に転じた。

近代化が急務となっていた矢先の１９９３（平成５）年、代表者が急逝。その娘婿であった有吉英二が代表取締役に就任し、遺志を継ぐことになった。

そして２００３（平成15）年、現在の社名「ラッキーベル」へと変更した。

現在、年商は約15億円。学校シューズ部門では、全国で約14％のシェアを有する。中学校でのシェアは26％、地域別では北信越地区55％、近畿地区21％のシェアをもつ。

また、幅広い年齢層向けの健康シューズ事業としてコンフォート（快適な）シューズにも進出、「ラポーター」「グーテヴァール」ブランドで展開。さらには防炎マークのついた防災頭巾の開発、販売も行なっている。

社会貢献が組みこまれた会社として

設立の経緯からわかるように、発足時から「社会貢献」が組みこまれていることが同社の最大の特徴だ。

社名に入っている「ベル」はベルマーク活動を支援していくことを意味している。

ベルマーク活動は、１９６０（昭和35）年からはじまった。当時は、義務教育といっても地域格差があり、都会と地方とでは教育設備、教材などの差が大きかった。そのことを訴えたある教諭の言葉に賛同した新聞社が中心となって誕生したのが、ベルマーク教育助成財団である。

「協賛会社」が商品につけているマークを登録しているPTAなどが集め、整理・計算して財団に送ると1点につき1円のベルマーク預金となる。その預金で、学校に必要な設備・教材を「協力会社」から購入できる仕組だ。また、購入金額の10％が自動的にベルマーク財団に寄付され、開発途上国などへの援助にも活用される。個人でも集めて財団に送れば、1点1円の寄付になる仕組もあり、東日本大震災の被災地支援として再び注目された。

現在、協賛会社は約60社、2000種類の商品にベルマークがついている。協賛会社、協力会社とも、一定の分担金、協力費などを払って、この社会貢献活動に参加している。

このように、社会貢献が根本に組みこまれている同社では、たとえば、阪神・淡路大震災で、1万7000足を寄付したほか、新潟県山古志村には、サイズの要望を確認してから揃えて提供した。雲仙普賢岳、四川大地震、モンゴル、アフリカのブルキナファソへ、そして東日本大震災の被災地へと、シューズを贈っている。

1992（平成4）年からは日本中学校体育連盟シンボルマーク使用許諾を受け、体育教育の助成に貢献している。

「社会貢献は、当社の存立にとって重要なことです。これは、運動靴だからできることで、サイズが合えば多くの人に履いていただけます。ファッション性だけの靴では、こうはいきません」と、有吉は言う。

会社の信用力と社会貢献が一体になっているとの考えである。

こうした同社に対しては、1991（平成3）年に日本ユネスコ協会連盟会長から長年にわたる貢献に感謝状が贈られるなど、多数の感謝の言葉が届いている。

ファブレス経営が強み

同社のもう一つの特徴は、設立時から、ファブレスであったことだ。

「もともと、長田の生産力に委託して製造していたわけです。ところが徐々に、長田でつくることがむずかしくなっていきました。職人の高齢化もありますし。労働集約的な仕事ですから安定的な生産が困難になっていったのです」

スクールシューズは安全で安心な靴であることが大前提になる。品質を守り続けなければならない。また、一つの学校に1000足単位で納めるため、そのなかに数足の不良品が出れば、次の取引は困難になってしまう。

代理店を通じて全国の学校に納めるのだが、納期は春先に集中する。農耕にも似た、地道な活動を一年間続けて、その成果が一時期に集中開花するわけだ。この時期に、120万足以上の製品が全国へ送られる。

この段階で、「このサイズはあるが、あのサイズはない」といったことは許されない。つまり、必要な在庫をきちんともっていなければ、信用にも関わるのである。

この100万足以上の製品を、高品質でつくり続ける能力を維持するため、1983（昭和58）年頃から、中国での生産を試みる。技術指導をしながら、生産量を増やしていき、1995（平成7）年時点では、8割を中国生産としていた。

「残りの2割は、長田でつくっていたのですが、それが震災でつくれなくなり、結果的に、100％、中国生産になったのです」

中国での生産は、現在、山東省、上海、福建省に各2か所ずつ委託先がある。

当初は広東省に委託先があったが、経済政策が変わったため、いまでは福建省に移っている。

自社の社員は常駐せず、必要なときに委託先へ打ち合わせに行っている。

生産拠点を現地でも分散させているのは、1990年代に、韓国に生産拠点を置いたときの

品質検査は厳密に行なわれる

教訓による。業界に先駆けての海外生産だったが、そこが火災に見舞われて撤退せざるを得なくなったのである。

分散することでリスクを回避できる。そこで中国生産でも、1か所に集約はしないようにしてきた。

その中国生産も、最近では変化の兆しが出ている。

「中国も人件費は高くなっていますし、加工産業よりもITなどの高付加価値産業を重視する傾向がありますから、このまま続けられるかどうか注視しているところです」

また、欧米の企業に比べると、同社の品質に対する要求は高く、「アメリカの会社はそんなにうるさいことは言わないのに」と、とまどう現地の担当者もいるという。高品質製品の製造に対応できなくなる可能性もある。

「いまでも、重要なパーツについては日本国内からもっていって、中国で組み立てています」

ファブレスであるのは、企画・製造・販売に特化するのが狙いだ。少数先鋭であることで、1年に1度しか売上が計上されない同社の特性に耐える、強い体質が保たれる。有吉が社長に就任してから、1994(平成6)年にかけて物流もアウトソーシングすることで、その体質をさらに強化した。それまで神戸の長田地区などに点在していた在庫を、大手輸送会社の物流センターに集約していったのだ。

物流のアウトソーシングが完成したのは、阪神・淡路大震災の前年であった。

阪神・淡路大震災を乗り越えて

1995（平成7）年1月17日、阪神・淡路大震災が起こる。神戸市は大きな被害が出たが、なかでも長田地区は地震のあとの大規模な火災も加わって、壊滅的な被害を受けた。

当時、同社の入っていたビルが面していた道路の向こう側まで、すべて焼けてしまった。ビルは、駐車場になっていた一階部分が崩れ、全壊扱いとなったものの、オフィス内は燃えることも水をかぶることもなく、コンピューターのデータは無事だった。

すでに、その年の春のために150万足ものオーダーが入っていた。

また、前年までに物流を集約していたが、神戸市西区の倉庫は無事で在庫は無傷だった。

「もしデータがなくなっていたら、もう一度、注文を取り直さなければなりませんでした。電話の復旧までかなり時間がかかりましたので、大変なご迷惑をかけていたと思います」

そして、1年かけて製造していた在庫が失われていたら、会社の存亡にも関わる重大な損害を被っていたはずだ。

製造拠点は中国にあるため、もちろん地震の影響はなかった。

最悪の事態は回避された。

しばらく、本社を倉庫に置き、社員がほかの社員を車で拾って、その倉庫へ毎日、通勤するようになった。

こうして、その年の納品は無事に完遂できた。ファブレスである同社だからできたリスクの分散が功を奏したのである。

「震災で改めて感じたことは、私たちは、償却済みの設備、建物、機械でやってきたのだ、ということです。新たに機械を入れる、設備投資をする、ということを考えると、商売が成り立たないことが明らかになったのです」

同じ品質のものが、中国でもつくれるとなれば、そっちに流れていってしまったのも時代の流れだったのかもしれない。

御用聞き営業からの脱却

スクールシューズは、全国にある約100社の代理店が販売窓口となっている。学校に対しては、その代理店と一体となって、営業をしていくことになる。

そのための普及本部体制として、全国代理店組織をつくって営業を行なってきた。

健康シューズも、代理店制度を取っている。全国の百貨店で販売するほか、通販会社を通じたルートも開拓している。

良い商品を作る、安定して供給することはもちろん、物流面のサービスも強化した。受注をファックスで受け、翌日には発送処理をする。品切れを防止するための在庫管理、返品処理なども改善していった。

ホームページをつくるなどして、幅広く顧客、代理店などからの意見、要望、苦情などを得て、次の改善へつなげている。

「御用聞き営業からの脱却を進めてきました。私が引き受けた頃は、受け身の商売ばかりしているように見えました。もっと前向きに、提案型の営業をしていく必要があると考えました」

経営基盤を強化し、「つくれば売れる」といった考え方を改めるため、営業分野に強いコンサルティング会社の協力も得て、大胆に近代化を進めていった。

PDCA（注）を取り入れて、企画から販売までの形をつくり上げていった。

また、部門長制度を採用し、各部門長に責任をもたせた。週に一回、企画、営業、生産、総務、経理といった部門の長による連絡会が開かれる。また、各部門の一人ひとりへのヒアリングも実施。毎月、部門長による経営戦略会議を開いている。

泊まりがけの研修を年に一度実施するほか、随時、キャンペーン、褒賞制度などを取り入れて、社員のやる気を引き出すことに努めてきた。

「いろいろやってきて、社員もかなり変わってきたと思います。こうしたなかから、なにか新しいものに取り組もうという機運が出てきました。それが、新製品開発へとつながっていきました」

第二創業へ新事業をスタート

「私は第二創業とは意識していませんでした」と有吉は言う。

だが、振り返れば、社長に就任した1993（平成5）年から、同社は新しい時代へ向けた大きな一歩を踏み出したのである。

有吉は、社長就任以前から河田護謨での経営経験があり、常勤としてラッキーベルに入る前から財務を中心にラッキーベルの経営面を見ていた。

「売上の大半が1年に1度の春先に集中する。農耕にも似たこの会社は、それだけの体力が必要」と考えていた。

震災から復興していく長田地区のなかで、同社も未来に向けた施策に取り組んでいく。

2001（平成13）年、公的な投資育成機関である大阪中小企業投資育成株式会社の出資を受け、資本を増強し9000万円にした。

そして翌2002（平成14）年は、いわゆる「第二創業」の元年である。この年、健康シューズ部門を創設する。中高齢者向けコンフォートシューズ、介護向けシューズの開発・生産・販売を開始したのだ。

スクールシューズの市場は、毎年20万人も減少し続けているという。一方、60歳以上の高齢者は毎年40万人規模で増加している。

少子高齢化の進行にともない、スクールシューズの市場は小さくなっていく。営業努力ではカバーできない。新しい商品をもつことで、少子化に備える必要を感じたのだ。

「当時、高齢者向けの快適な靴は少なかったのです。子ども向けの靴と高齢者向けの靴、どちらも、ファッション性や機能ばかりではなく、履きやすさが大切な点では似通っていました」

とはいえ、これまで子ども向けの靴だけを扱ってきた。生産体制は活かせても、販売はゼロからのスタートである。

中高齢者向けの「ラポーター（Laporter）」は、オリジナルの足型を採用。地面への引っかかりを改善し、歩きやすいだけではなく、足指の運動機能を妨げることがなく、外反母趾等の足の障害を予防できる。底の前後に曲線の加工を施し、履き心地の快適さを高めた。2本のマジックベルト「Wマジックベルト」だけで、足の締め付け具合を調整できる。この技術で特許も取得している。

高齢者が、安全で快適な靴を手に入れれば、さらに活動範囲が広がり、歩くことから健康維持にもつながる。

「私どもでやるからには、価格もリーズナブルにしたかったのです。そこでこれまでの中国での委託生産のルートを活用して、少品種でも生産してもらえるように工夫してもらいました」

健康・安全というテーマはスクールシューズと合致している。子どもが減る分、増加する高齢者の市場に対応していく。しかも、同社が長年取り組んできた健康、快適といった靴づくりのノウハウが活かせる。

2003（平成15）年には、現社屋が竣工。そしてこれまでの社名から「シューズ」を外して、「ラッキーベル」へ変更した。それは、今後、シューズ以外の商品も扱うことを意味していた。

社名を変えることは、「CI」（コーポレート・アイデンティティ）の転換でもある。すなわち社名変更自体が経営革新（第二創業）であり、これが同社にとっても進化の大きなきっかけとなっ

「児童、生徒の健康を足元から支える」と有吉社長

た。

2005（平成17）年には、防災頭巾の企画・製造・販売を開始した。健康・安全というテーマに、震災の経験をもつだけに、防災用品に取り組む意義を感じていた。足元からの健康・安全だけではなく、児童の災害への安全にも貢献しようとの考えである。

小学生向けのこの防災頭巾は、日本防炎協会の認定製品である。防炎だけではなく、衝撃吸収性、洗濯性能、毒性試験などを含めた認定製品として、関東地方では大きな反響を得ている。ところが、肝心のお膝元である関西地区の反応がそれに比べると乏しい。この点については、今後も地道に普及に取り組んでいく予定だ。

守りに入ってはいけない

「明るく元気に　創造の翼で　未来へ！」というスローガンを1997（平成9）年から掲げ、安定性・成長性・収益性、少数精鋭の効率のよい組織づくり、社会奉仕の精神、社員の自己実現を柱とした経営理念、経営方針を策定した。

こうした活動をするなかで、「靴のまち」としての長田地区も大きく変容していった。

たとえば、日本ケミカルシューズ工業組合の組合員数は、1981（昭和56）年に262社だったが、２００６（平成18）年には１２６社まで減少している。生産量で見ると、４６００万足から、１５８０万足にまで減っている。

だが、「私どもは今年50周年となりましたが、守りに入ってはいけない」と有吉は言う。

「学校の運動靴一筋だったわけですから、その代理店とも、30年、40年という長いお付き合いのところが中心です。ニッチ市場だから50年続けて来られたのだと思います。ですが、これからは、自分たちの強みを活かす経営が大切になります」

２００６（平成18）年には、第二創業以降の同社の姿勢をより明確にするかのように、「ひょうご経営革新賞奨励賞」を受賞した。

そこで高く評価されたのは、販売代理店との一体化による販売力強化、生産の委託や物流のアウトソーシングによるコストダウンの実現などであった。

「当社は企画・デザイン・販売の会社です。まず、いい部品を揃えていく必要があります。品質が大切です。似ていても、品質が安定していないものは、使えません。日本製のいい部分も活かして、国際分業をしていくのです」

同社の得意技を伸ばしていくことが、これからの時代をつくっていくことにもつながるのである。

「２００２（平成14）年に始まった月１回の『第二創業を目指す企業家の集い』に参加した

ことが、貴重な学びのきっかけとなりました」

有吉は、神戸商工会議所主催のこの会の主要メンバーであった。

長田の力で新しいコンフォートシューズを

2008（平成20）年、コンフォートシューズとして「グーテヴァール」（ドイツ語で「賢い選択」の意味）の展開を開始した。

「いわゆるドイツ靴です。ドイツでは足の健康から考えて、その人に合った靴をつくっています。それだけ価格は高くなりますが、ドイツ人マイスターに参画してもらって、日本人の足に合わせた靴として製造・販売しています」

同社と、アシヤ悠（神戸市長田区、谷野昌三郎代表）、のさか（石川県金沢市）による「神戸健康靴研究会」が開発し、全国の健康靴ショップを通じて販売している。シューフッターのいる店での販売を前提とし、利用者の足に合わせて最終的な調整をする。

「グーテヴァールは、私たちの地元、長田でつくっています。靴づくりの長田として、職人たちが集積している。いい面はまだ残っているのです」

円高時代、輸入するほうがいいという声はある。しかし、あえて同社のビジネスモデルは別の方法を模索している。

「いいものをつくってやっていこう、少量でもいいからやっていこう、と考えると、やはり日本でつくる必要がありました」

長田は靴づくりの地場産業産地としての長い歴史をもっている。海外生産品が台頭してきたときに、震災によるダメージを受け、いっきに海外生産へシフトしていってしまった。だが、まだ技術の伝承・継承のチャンスはある。

本格的ドイツ靴を日本で購入しようとすると、1足3万円以上はする。それをグーテヴァールは、2万5000円ほどで提供している。

「ドイツ人マイスターの力を借りて、日本向けにしていますから、単純に輸入するのとはまったく違います。しかも当社が関係するからにはリーズナブルな価格であることを追求します。おかげさまで、順調に売上は伸びています」

現在、「ラポーター」など新商品の売上が占める割合は、全体の約1割になっている。しかも、わずか3年足らずで、その半分近くをグーテヴァールが占めるほどになってきた。

グーテヴァールは、安定した商品づくりでも苦労している。

「技術的な面だけではなく、体制の問題があります。長田の力が落ちてきているからでしょうが、安定的にいいものを供給する体制が、昔ほど簡単には築けなくなっているのです。昨日までやってくれていたところが、突然、やめてしまうこともあります。そうすると、また探して、一からはじめなければなりません」

このため、職人の独立を応援する、機械などを提供する、といった支援も必要になってくると考えている。

「この地域だからできる、ということがあるのですから、今後も、伝統ある長田の力を活用していきたいと思っています」

有吉は、地元の産業の活性化、そして自社を含めた次代へのバトンタッチを見据え、未来につながる経営体制づくりを進めていることころだ。

注

＊産業クラスター　クラスターとは英語で「房」のこと。ブドウの房のように、企業、それを支える産業基盤、人材を育成する学校、大学、研究機関などが地理的に集積し、相乗効果を発揮している集合体（地域）のこと。企業間連携もこれに含まれる。

＊ＰＤＣＡ　計画（plan）、実行（do）、検証（check）、是正（action）の略。ＰＤＣＡサイクルとは、マネジメントサイクルとして、このＰＤＣＡを循環させていくこと。

Profile

◎有吉英二（ありよし　えいじ）

1947（昭和22）年、神戸市生まれ。1969（昭和44）年、甲南大学理学部経営理学科卒業後、松下冷機、河田護謨工業取締役を経て1986（昭和61）年ラッキーベル取締役、1993（平成5）年代表取締役就任。

◎ラッキーベル株式会社

創　業	1961（昭和36）年
設　立	1961（昭和36）年6月
資本金	9000万円
従業員	30名
売上高	15億円（2011年3月期）
業務内容	スクールシューズおよび健康シューズ、防災頭巾の製造販売
本　社	兵庫県神戸市長田区神楽町4-3-1 電話　0120-83-9111

http://www.luckybell.co.jp/

サワダ精密

地場産業の底力を「改善」の積み重ねで開花させ企業の「進化」を実現する

サワダ精密（姫路市広畑区）は、1984（昭和59）年、創業社長である澤田脩一が、体一つ、機械一台の町工場からはじめた機械部品製造の会社である。

現在では、社員43人、年商10億円に迫ろうという規模に発展。設計部門も持ち、開発力のあるメーカーへと成長を遂げ、兵庫の製造業の底力を示す代表例となっている。

同社のある姫路市は、全国五大工業地である播磨臨海工業地帯の一角を占めており、播磨地区は、兵庫県の製造業の出荷額でのシェア54％を占めるほど製造業の集積が高い。1964（昭和39）年に、国が播磨地区を工業整備特別地域に指定してから、高度経済成長期を牽引する、製鉄をはじめとした重化学工業の集積地として大手企業が多数、製造拠点を置いているのだ。また、広畑地区は1939（昭和14）年に、広畑製鉄所が稼働して以来、製造業を中心に発展してきたことで知られている。

八百屋、サラリーマン、そして独立

澤田脩一社長は、21歳のとき、この姫路で八百屋を開業した。その経験は、その後の営業力の基礎となっている。地域で1番の売上を示すまでに育てたが、店舗を手放しサラリーマンとして6年間、鉄工所に勤めた。設計や現場の仕事を経験し、37歳で独立開業した。

中古の機械では満足できず、最初から1台1600万円の機械をリースで導入し、金属を切削加工する仕事を始めた。

「以前お世話になった会社のお客様ではなく、新規のお客様を開拓しようとしましたが、技術的にはまったく自信がないままの開業でした」

勤務していた鉄工所は、社員の平均年齢が高く、ベテランの職人も多数いた。その頃の職人気質として、「お客様なんて関係ない、気分がよければやってやってもいいが、気分が悪ければ帰ってしまう」といったこともあった。

そして、同社の初期の強みは、だからこそ発揮された。

「唯一、私がベテランの職人に勝てるのは、お客様をちゃんと立てるところでした。客先で横柄な態度は取らず、誠心誠意やる。それが強みでした」

地道に顧客を開拓。1人でがんばって年中無休で対応するも、「これではなにも残らない」と気づく。健康ならなんとかやっていけるとしても、1人では不安が大きすぎた。しかも借金を背負ってのスタートである。

会社設立は、創業4年後の1988（昭和63）年。広畑区蒲田に工場を借りて、資本金500万でスタートした。機械が2台になり、社員も1人雇った。

「拾い仕事」ばかりではいけない

3人、4人、5人と人は増えていくのだが、定着率が悪かった。

「私は、創業以来、採用するのはベテランではなく、27歳以下の若い人だけを採用して育てようと決めていました」

しかし、慢性的な人手不足である。トラックで走っていると、車で出勤していく若い人たちを大勢見かける。そのたびに、「どうしてうちにはこないのか」と思う日々が続いた。

ある日、トラックで帰る道で、後ろからぶつけられた。見れば、ぶつけた相手は喉から手が出るほど欲しい若者だった。

思わず、「修理代はいらんから、明日からうちにこいや」と誘った。この若者はこなかったが、それほど人手に困っていた。

土日も働き、平日も深夜まで働くことが多かった。

仕事の多くは、「拾い仕事」。営業した先々で拾ってくるかのように、図面を預かり、そのとおりに部品をつくって納める単発の仕事だ。

ある夕方、素材と図面をもって顧客がやって来た。

「明日の朝までにどうしても必要なんや」と言う。徹夜してつくった。

ところが夜が明けても、取りにこない。電話もかけてこない。「どないなってんねや」と電話をしたら、事務所の人が「もう出ました」と言う。会社にいないのだ。ポケットベルで呼び出してもらった。

「なんの用事よ」

「いや、あんたが朝一でいると言うからつくったけど、もう10時回ってるで」

「あれな。ごめん、ごめん、悪いな。午後に取りに行くから置いといてくれ」

「ちょっと待ってよ」と澤田は言いたくなった。

その客は、午後になって引き取っていったのだが、「これはダメだ」と思った。

「どれだけ私たちが努力をしたところで、なにも報われない。夜中の2時、3時、いや朝までやっても……」

それだけではない。こうした単発の仕事ばかりでは、客の意図もよくわからないまま、言われたとおりに部品をつくるだけで終わってしまう。自分たちの技術が進歩しているのか、どこを伸ばせばいいのかもわからない。

「ただ、言われてつくるだけ。それがどういうもので、相手が満足しているのかどうか、こっちで工夫できる余地があるのかどうか、さっぱりわかりません。『図面に書いてある』と言われるのですが、いちばん肝心な箇所はどこか、どういう点に気をつければいいのかといったことは、図面だけではわかりません」

どこかエンドユーザーと直接取引しなければならない、と強く思うようになった。

大手企業との直接取引を獲得

単発でも仕事があったが、それでは満足できなかった。播磨という製造業の集積地にあって、大きな企業がいくつもあった。そうした会社へ行くにも、車で30分もあれば十分な距離だ。土壌は耕せばいい。地の利を生かせばチャンスは必ずあるはずだった。だが、そのきっかけ、突破口が見いだせずにいた。

創業から5年、元号が昭和から平成へと変わる頃、「三菱電機の姫路で、ある部長がすごい勢いで設備投資をして、その旗振りを第一線でやっている」というウワサを耳にした。

すでに三菱電機の仕事はしていた。だが、直ではなく、元請の会社経由だった。

その元請会社の運転手に、「すごい設備投資をしているというウワサは聞くけど、私らのところに回ってくる仕事は、単品で一個、二個といった仕事ばかり。うちはマシニング（NC加工）でっせ。もうちょっと数のまとまったものはないの？」と、思わずグチが出た。

すると運転手が「そりゃ、部長に電話して、『もっとないか』と聞いたらいい。いつもうちに来ては『もっと仕事せい』と言ってるぐらいだから、飛んでくるわ」と言う。

三菱電機の部長に、いきなり電話などできない、と思った。だが、独立前に務めていた会社で機械設計をやっていた頃、3か月ほど、三菱電機のあるプロジェクトに参加したことがあった。そのときの課長と、いま話題の部長は同じ名前だった。

もしかしたら、と恐る恐る電話した。

「覚えてないな。知らんな」と言われたが、現在の仕事内容、場所と連絡先は伝えることができた。

「わしは忙しいから切るぞ」と言われて、ピシャッと切られ、「これは、あかんな」と思っていたところ、2日ほどして、「いまから行く」と電話があった。部下2人とやってきて、工場を見て、「なにができる」と根掘り葉掘り聞かれた。

それからさらに2日ほど経って、部長自ら図面と素材をもってやってきた。

念願のエンドユーザーとの直の取引がはじまったのである。ただし口座をもたない同社は、元請会社を通した形であった。

三菱電機姫路製作所は、自動車の電装部品を製造しており、とくに自動車用の発電モーターとセルモーターの生産量では、世界的シェアをもっていた。その生産設備のメンテナンス部品をつくる仕事が、継続的に入った。

ところが、せっかく生まれた関係も、2年後、部長が転籍すると、電話一本、こなくなってしまった。

「これはあかん」と、顔見知りになっていた課長に電話をしてみた。

「このままでは切れてしまうので、なんとか再開できませんか」と聞くと、「私は部長のようなことはできないので、社内に回覧を回しておきますから、自分で営業してください。それは許可しましょう」と言われた。

そこで、週2回、三菱電機に通う日々がはじまった。

「でも、行っても、当時、その部門に40人ほど人がいましたが、名前も知らないし、何をしているのかもわかりません。声がかけられないのです」

カウンター越しに、電話でスタッフを呼んで面談場所で会う方式だから、呼び出す相手がいなければ、黙って座っているしかない。

もちろん、座っているだけで、声がかかるはずもなく、5分もじっとしていられない。

それでも、週2回、とにかく行っては、座ってみたが、成果が出ない。

課長に「なんとかしてください、紹介してください」と懇願すると、「じゃ、もう1回、回覧回してやる。こういうやつが座っているはずやから、なにかあったら声をかけてやってくれと書いておこう」と言う。

家族に「がんばっとる」と言っても、帰って来ると「あかんわ」の繰り返し。

そして半年が過ぎた頃、「人影が近づいてきて、止まって、ついに私の前に座ったのです」。

若いスタッフが図面を3枚もって来た。

「このあいだから座っておられるんですけど、加工屋さんですか?」

「はい、そうです」

「こんなの、できますやろか」

簡単なものだった。

「5日もあればできます」

「そんなに急いでいませんから」

それをもらって帰って、「やったで、やったで」と家族と喜びを分かち合ったことを鮮明に覚えているという。

1人だったのが、やがて2人、3人と名前を覚えていく。顔見知りができる。

そして新しく赴任してきた課長から、「口座をつくったらどうか。取れるように動いたるわ」と言ってもらえるまでになった。

1994（平成6）年、念願だった三菱電機に口座が開設され、直接の取引ができるようになった。「サワダ精密」の名で納めることができるだけではなく、これまで一部門だけに限られていた営業範囲が、いっきに事業所全体の、どこへでも営業しに行けるようになった。

それからは、顔見知りになった人が異動すると異動先でも取引がはじまり、仕事は順調に拡大していった。

「一時、三菱電機の仕事が全体の7割にもなりました」

ようやく一本の柱ができた、と澤田は思った。

顧客を次々と拡大

1992（平成4）年頃に、兵庫県中小企業家同友会に参加し、経営の勉強をはじめた。経営で苦労しているのも、採用や育成で苦労しているのも、自身の勉強が足りないのではないか、と考えたのだ。

そこで、売上に占める1社の比率があまりにも高すぎると経営上はよくないことに気づく。すでに三菱電機以前から、デービー精工に口座をつくり、取引していたが、そこは三菱電機の関連会社であった。

そこで、1999（平成11）年にグローリーと、2000（平成12）年には三菱重工高砂製作所、2001（平成13）年、旭硝子高砂工場、2003（平成15）年、パナソニック電工竜野、2006（平成18）年、三ツ星ベルトと、次々新しい顧客と取引をするようになった。

こうして、仕事の5割近くを複数の取引先から得られるようになった。

三菱電機に口座をつくったことが突破口となったのだ。以前に比べれば、話を進めやすくなっていた。

「ですが、どれも新規のお客様です。ゼロからのスタートですし、大手企業ともなれば、外注先に困るようなこともないわけですから、そこをなんとか仕事をいただくように努力していかなくてはなりません」

製造業の集積地にあって、大手企業が多数工場を展開している地域とはいえ、そこでの競争も激しい。新しい顧客からも注目してもらえる存在にならなければ、簡単には仕事はもらえない。

仕事を探す営業から、エンドユーザーとの直接取引へ、さらに複数の顧客の開拓へとステップアップしていくにつれて、同社の仕事への姿勢も変化していった。

セル生産方式で、人が一皮むけた

ベテランを採用するのではなく、若手を採用して育成したい。それが澤田の考えだったが、悩みは定着率の悪さだった。人手不足のうえに、採用までこぎ着けても、定着しないため、きちんと育成ができない。

この頃までは、月曜日が恐怖だった。月曜になると、誰かが勝手に休んでしまう。週末に遊びすぎて会社のことなどどうでもよくなってしまう人たちもいたのである。

1995（平成7）年、現在同社がある姫路市広畑区吾妻町に新築移転した。初めて、自社の土地・建物を得た。資本金も1000万円に増資した。売上高は順調に上昇するが、それに先行するように設備投資が必要となり、そのための借入も増えていった。自己資本比率は7％台まで下がっていた。

銀行が紹介してくれた土地だったが、「もしうまくいかなかったら、前半分の土地は売っていいように」と、最初は土地の後ろ半分だけに建物を建てたという。

人材の不安、経営の不安のなか、仕事の拡大に合わせて、人が育っていく姿を目の当たりにする。

1996（平成8）年に三菱自動車が、世界初の直噴エンジン（GDI）を開発、全車種への搭載をすることになり、その関連の部品開発プロジェクトに関わった。

当時は、社員15名ほど。夜10時でも電話がきて、打ち合わせに呼ばれる。その結果をもち帰って翌日の昼までにつくってもって行く、といったような状態が1年以上続いた。

この状態を、若手の社員たちが奮闘し、一つになって、自分たちでシフトを組み、対応してくれたことで乗り切った。

しかも、それは一時的なものではなかった。プロジェクトが終わると、参加していた大半の会社はそこで取引も終わっていったが、同社だけは残った。

「コツコツと積み上げてきたことと、社員が育ってきたからこそ」と澤田は振り返る。

「いばらの道をあえていく。それをなんとか克服させて、成功体験を与える。これをクリアすると、人間、一皮むけます。目に見えて変わります。苦しい経験を通じて、クリアできたときに、次に挑戦する意欲が生まれるのです」

たとえば「セル生産方式」と名づけたシステム。分業制をとらず、社員一人ひとりが図面解読から製造・検品といった一連の作業工程をすべて担当する。

これにより、各自のスキルが向上するだけではなく、ものづくりの苦労と喜びをすべて経験できる。やり甲斐のある仕事の増加、チャレンジする姿勢、任せてもらえる現場が、定着率の向上につながっていった。

「全員でやる」から、少人数のチーム制へ

「人数が少ないときは、とにかくみんなでやろうと、全員で取り組んできました。ですが、人数が増えてくると、むしろ生産性が落ちてきます。統制が取れなくなっていくのです。やらなければいけないことに、誰も手をつけていなかったり、いまやらなくてもいいことを全員でやっていたり……。みんながそれぞれに一生懸命やっているのに、チグハグなのです」

顧客の拡大、設備の充実、人員の増強、そして技術力の向上によって、順調に仕事は増えていく。それなのに、業績が落ちていった。

仕事が予定通りに終わらない。こなせないのである。

澤田は営業に専念していた。幹部たちに検討させるが、これといった打開策がなかなか出てこなかった。

「そうだ、塊が大きすぎるのだ」

あるとき、そう気づいた澤田は、製造現場を3つのチームに分けた。現在に続くチーム制の導入である。リーダーを置いて、リーダーに「こういうことをしてほしい」と具体的に指示するスタイルにした。

これによって、劇的に効率が改善された。

「ですが、しばらくすると、また効率が悪化してきます。原因はよくわかりません。だから、またチーム分けをする。その繰り返しでやってきました。結局、組織は常に改善していかないといけないのだと思います」

試行錯誤はいまも続いている。

人材育成は、OJTが主だが、新入社員教育のほか、月1回のコーチング研修、営業研修、リーダー研修、6S（注）研修、ISO（品質）研修、そして月2回の経営幹部研修に加えて、社外研修も実施している。

「新しいことに挑戦させて、ギリギリまで追い込んで、逃げようとするところをなんとかやり遂げさせていく。そうして得た成功体験は、どんな研修にもまさります。

宿泊研修も実施している

私自身、それを繰り返しやってきていますから、これからも若い人には、そうした経験をしてもらいたいと思っています」

数値に現れない改善で、いい職場にする

ようやく軌道に乗ってきたと思えた5年ほど前、ある社員からこういう意見が出た。

「社長は営業や同友会などの活動で社にいないときが増えている。私たちは一生懸命、仕事をしている。社長は、私たちのがんばりを見てくれているのか、知っているのか」

そこで、社長と社員の食事会をはじめた。毎月、その月の誕生日の人と食事をするのだ。いつも同じメンバーになってしまうので、現在ではくじ引きでグループを分けて、4、5人と行くようにしている。

「仕事の話はほとんどしません。たわいもない話をします。親睦を図り、社員の話を聞くことにしています。お互いに理解を深めるためのとっかかりの場です」

同社の本社には、入り口から壁にずらりと社員の写真と紹介文が並んでいる。各自が会社の顔として取り組んでいることを示すものだ。

「社員が自分で考えて、当たり前のことを当たり前にやる。そして困難に立ち向かう。そう

いう会社でありたいと思っています。全員がちゃんと意識するだけで、たとえ単価の低い仕事でも利益を出すことはできるからです。会社というものは、人が利益を生み出す場なのですから」

現在、社員は43人に増えた。多くは通勤1時間以内の圏内に住み、その8割は自動車で通勤してくる。

「ここ数年、定着率がよくなっていますし、まじめな社員ばかりになってきました」

もちろん徹夜、土日出勤は、現在でもよくある。

「ただ、私は指示命令していません。現場で決めて、割り振りも自分たちで考えてやっています。1週間こういうシフトでやろう、と」

多くの時間を会社で過ごすことになる。朝起きて、「よし、やってやろう」と思うか、いやいやくるか。その差は大きい。

「みんなで寄ってたかって、やる気に満ちた毎日となるようにしていこうと言ってます。それは、自分たちでつくることができるのです」

明るく、楽しく、充実した職場であることを澤田は願っている。

「定年になって振り返ったとき、『いろいろあったけど、こういう会社で働いてよかった』と思えるような会社です。それは、社長だけでつくるものではないのです。みんなでつくらなければできません」

たとえば、快適さを向上させるために、工場のトイレをホテル並みの豪華なものに変えた。かつては、男女兼用の和式便器一つだけだったが、人数が増えてくると、並ぶ人が出てくる。そこで改修することになったが、「同じするなら、帝国ホテル並みにしよう」と決めた。

「働く環境を整えることは、能率、効率に数値として直接は出てこないにせよ、やる気に大きな影響を与えるはずです」

数値的な効果は見えない。しかし社員は自主的に当番を決めて清掃し、大切に使っている。

「事務所のレイアウトでもいい。なんでもいいから、会社は常に動かしておくことが大切なのです」と言う。

そうすると、社員の気持ちが淀まない。なにもせずに5年も同じ状態を続けたら、会社にはよくない空気が蔓延する。澤田はそう考えている。

「動かすことで、整理整頓しなければならなくなって、それが新たな気持ちで仕事に取り組むことになるのです。環境が刺激になるのです」

新しく購入した機械が工場に設置されると、水平を正しく取り、電気などの配線も必要になる。

一度設置した機械は簡単には移動できない。そのため、作業のしやすさではなく、機械がきた順番に配置することになってしまう。

「これではダメです。3年前に、すべての機械を外に出して、入れ替えました。これで気分も一新。見通しもよくなる。動線もよくなりました」

コストがかかる。その間、工場は止まる。しかし「これはええ」と澤田は言う。

社員用のトイレ同様、これからも数値には表われない改善を含めて、変化を起こしていく考えだ。

「即答戦力」で営業もできる社風

1995(平成7)年に、自社開発商品「油とりっ子」を発売した。

「オリジナルの商品もやってみましたが、いまのところ、あまり力は入っていません。売ることが大変ですから」

つくることと売ることは別だった。お客様対応、クレーム対応など、体制づくりが必要になる。

「中途半端なことをしたら、大けがをします。もうちょっと実力がついてくれれば、販売もできるようになるかもしれませんが、先のことでしょう。企業は永遠(注)ですから、こういう道も残しながら、にらみながら、やっていければいいと思っています」

一方、1998（平成10）年に、設計部を新設した。

現在、部員は4人。図面を引き、製造、組立までやっている。

「こういうものはできないか」「いまある機械をこう改良できないか」といった顧客からの提案を具体的にカタチにしていく。そのなかから、バリ取治具、リード線ねじり機、カシメ治具、量産ワーク加工治具などが開発され、好評を得ている。

こうした「自分たちで創り出そう」「新しいことに挑戦しよう」というスタイルは、同社の基本姿勢となっている。

創業以来、現場で機械を扱う担当者が営業もしてきた。自分で仕事を取ってきて、見積もりし、製造して納めるのである。

「即答戦力」と呼んでいるが、営業で出向いた先で、社員がその場で決める。「いったん、社にもち帰ります」ということは原則としてしない。

「その場で返事をする。価格も決める。社長にも聞きません。どれだけ大きな案件であっても、現場で決めることが大事なことです」

もちろん、お客様が即答を求めない場合もある。「検討してほしい」となればもち帰ることもあるが、基本的に担当するチームで判断し決めるのである。

「全員営業でやってきました。ですが、それを2011（平成23）年から崩しました。あえて専業の営業職を設けたのです」

社員50人規模で全員営業をしていると、つくる時間が減って、機械が止まってしまう危険性が出てきたのだ。

「当社は、ものづくりの会社なのですから、ものづくりの時間が減ってしまうと、うまく回りません」

そこで、ものづくりをやってきた者のなかから4人を選抜し、営業に専念させている。

それも、これまでの「即答戦力」があったからできたことだ。

独自の「生産・営業一体体制」や「IT化」が評価

2003（平成15）年度の「ひょうご経営革新賞」を受賞した。

高品質、短納期といった要求に応える独自の生産・営業一体のプロセス、「全員創業者」を目指した若手社員の自立意識が高く評価された。

2005（平成17）年には、本社工場に隣接する敷地に新工場2棟を竣工。新鋭の工作機械などを導入し、成形研磨、放電加工、3D加工への本格的な取組に乗り出した。価格競争に陥りやすい一般切削加工から、より技術力を求められる精密部品の加工製造へと事業展開を図っているのだ。

精密部品を扱うことで、前工程である切削も、さらにていねいに行なうようになり、全社的な品質の向上にもつながった。

2006（平成18）年には、「関西IT百撰」にチャレンジし、優秀賞を受賞した。経営計画目標を達成するための半歩先のシステム導入が評価された。

このIT化は、社員の離職、受注増大による目先の生産活動優先に陥る傾向に対応するとともに、さらに人員を増やすための施策であった。

バーコードシステム（生産管理データベース）を導入し、日報や作業予定の入力情報をもとに経営指針書の目標が可視化され、中間目標のチェックと軌道修正でより明確な行動計画を立てることができるようになった。いわば、みんなで達成を分かち合うことができるようになったのである。

もともと経営指針（ビジネスプラン）を全社員でつくり上げ、年に1回、社外の来賓を招き

精密な研磨を追究する

経営指針発表会を開催してきた。だが、それは成文化された目標であり、その達成を目で確認することができなかった。

それをIT化によって、見えるようにしていったのである。

100坪の自社工場をガマンしたからこそ……

創業時、10坪ほどの貸工場でやっていたときから、「いつかは自前の工場が欲しい」と思ってきた。

100坪の工場用地なら、銀行から融資を受けて買えるかもしれなかった。

「でも、待てよ、と思ったのです。100坪の土地を買ったら、ひょっとすると、それで終わるのではないか。小さな工場を建てて、それ以上は拡大しないだろう」

そう感じた澤田社長は、力をつけてからもう一度考えることにし、少し広い貸工場へ移るにとどめた。

現在本社のある土地は、およそ300坪。第2期で500坪を買い増しした。

「いまはさらに用地を確保しまして、全体で1100坪ぐらいです。100坪で迷ったのが、正解でした。こぢんまりつくってしまっていたら、おそらくそこで固まってしまっていただろ

う と思います」

多少の無理をしてでも最新の機械を導入する一方で、慎重に経営を続けてきたのである。

「まずは、年商10億円を目指しています。それが視野に入ってきたら、用意している土地を活用しようと思っています」

そのために、単品の部品加工だけではなく、リピート部品にも取り組んでいる。

単品物の部品加工は景気変動に翻弄される。景気が悪くなり、設備投資が減退すると、同社への発注も激減する。

それだけリスクが大きい。

そこで、同じ部品を継続的に発注してもらえるリピート部品の注文獲得に積極的に取り組んでいる。

「リピート部品は、コストがよりシビアになり、品質に対する考え方もまるで違います。それを学習しながら、将来を見据えて営業しています」

リピート部品は、一度取引をはじめたら継続することになるため、顧客側も慎重になる。そこを突破する営業力、技術力が必要になる。

「リピート部品は、トレーサビリティが求められます。いつ、どこで、だれが、どの素材からつくったのか。すべて記録しなければなりません。こうしたことは、私も経験していないし、社員も経験していない。しかし毎年、こうした新しいことに取り組んでいます。未知の仕事に取り組む、それが活性化の源になっています」

一方、主力の単品部品の加工でも、画期的な取組をしている。

これまで、社員全員が、即座に図面を見て工作機械を動かすプログラムをつくることができるように育成してきた。それが強みだった。

「この強みを、昨年、捨てる決意をしました」

加工の工程をデータベース（DB）化して、モデル化する。たとえば、穴をあけるなら、穴あけのDBから、必要なプログラムが自動的に選ばれて、生成できる仕組をつくっていこうと考えたのだ。

「2人のスタッフを専従にして、1年間かけてDBを構築しました。次は、これを使える人を増やしていき、工場に展開します。それによって、誰がやっても同じプログラムが生成できるようになります」

個人の腕に頼っていた部分を統一化させることで、品質の向上、効率の向上を目指す。これも、今後の人員増、顧客の幅広い要望にスピーディーに、高品質で対応するための布石である。

「私たちに仕事がいただけるのは、誠実さだろうと思っています。誠実に、ひたすら仕事をする会社です。それが、お客様の安心感へとつながっているのではないでしょうか」

納期、品質、価格という3点セットで勝負することはどこの会社も同じだろう。

「プラス、人間性だと思うのです。誠実をベースに、必死に努力して成果を出そうとしていくこと。それを感じていただいくことで、お客様との関係を深めていけるのではないかと思っています」

日々変化をつくり出し、新しい空気を入れながら、進化を続けていくスタイルを澤田は確立していこうとしている。

注
＊6S　製造業・サービス業などで、職場環境の維持改善に用いられるスローガン。通常は5S、すなわち、整理（Seiri）、整頓（Seiton）、清掃（Seisou）、清潔（Seiketsu）、躾《しつけ》（Shitsuke）、の5つのSがいわれるが、6Sはそれに、作法（Saho）を加えたものである。
＊企業は永遠　日本の経営者にとってもっとも大切なことの一つに、企業の「存立維持（GOING CONCERN）」がある。アメリカの企業経営は、企業価値をできるだけ高めて、いずれは高く売る。そしてまた新たなビジネスに挑戦していくといった風潮である。M&Aをすることもよくあるが、日本の経営者は高く売ることよりも、手塩にかけて育て上げた企業を未来永劫存続していくことに最大の価値をおく。

Profile

◎澤田脩一（さわだ　しゅういち）

1947（昭和22）年生まれ。会社員などを経て1984（昭和59）年、機械部品設計・製造のサワダ精密（姫路市）創業。代表取締役。兵庫県中小企業家同友会代表理事。

◎サワダ精密株式会社

創　業	1984（昭和59）年4月
設　立	1988（昭和63）年11月
資本金	4250万円
従業員	43名（2011年4月現在）
売上高	8億円（2011年3月期）
業務内容	機械加工部品・試作部品・加工組立治具・専用機の設計・製作
本社・工場	兵庫県姫路市広畑区吾妻町1-39 電話　079-239-2225
第2工場	兵庫県姫路市広畑区吾妻町1-35

http://www.swdpre.co.jp

アドック神戸（森合精機）

亜業種交流で培った経験値をもとに下請からの脱却を果たす

下請からの脱却

森合精機（兵庫県明石市）は、油圧機器部品、洗浄機器で独自の技術開発を続けているメーカーである。東京、名古屋、さらに２０１１（平成23）年には中国の上海にも営業拠点を設けている。

森合政輝社長の父親が１９４７（昭和22年）に神戸市内に創業した金属加工の会社・日之本製作所が母体だ。その父親が急逝し、母親が引き継いだ。政輝は夜学に通いながら手伝い、卒業後に入社。21歳となった１９６４（昭和39）年に現社名に変更し、自ら社長に就任した。当時は社員約12人、年商５０００万円の規模だった。

若き社長の情熱のままに、金属加工から部品製造へ、さらにアッセンブリーへと展開し発展を遂げようとしていたときに、大きな壁にぶつかる。

1973（昭和48）年、第一次石油ショックが日本を襲った。市場が不況に突入していくなかで、メインの得意先へ納めていた部品に大きな製造ミスが出てしまう。ようやく2億円を超えていた年商が、半分以下にまで落ちてしまった。

そこで、悩んだ結果、新しい仕事を得ようと大阪に営業へ行く。これが、同社の最初の転機だった。

以前に増して仕事は増えたが、周囲に住宅が増えたことなどから1982（昭和57）年に、会社を明石市の工業団地に移転する。思い切った投資をし、ものづくりも大きく変わった。今日に至る一歩を踏み出したのである。

さらに、1989（平成元）年に兵庫県中小企業家同友会に入り、経営の改革に取り組むようになった。社員と一緒になって経営指針（ビジネスプラン）をつくり、経営理念を掲げた。社員は約70人規模となっていた。

そして1995（平成7）年、阪神・淡路大震災が起きる。

「このとき、神戸の製造業の立ち上がりは非常に早かったのです」と森合は言う。

「同友会には、機械屋、電気屋、建築屋もいる。その仲間が、倒れている工場を直していきました。このせっかくのネットワークを活かせないかということで、翌年、同友会に製造部会ができました」

アドック神戸の設立に参画

機械設計・金型・プレス・溶接・板金・機械組立などの製造業を中心に約30社が集まった。異業種ならぬ、もっと関係の深い者同士による「亜業種交流」（注）のはじまりだ。

親会社を失った企業も、仲間を得て急速に新たな仕事を得るようになっていった。

当時、日本の中小企業、特に製造関係の企業は、空洞化の流れと戦っていた。1985（昭和60）年のプラザ合意をきっかけに、急激に円高が進行していった。合意の発表と同時に、1ドル235円から大きく円高が進み、その後の1年で150円台へとなっていった。

それはとくに日本を代表する自動車産業、電気機械産業に関連している中小企業に大きな圧力となった。

「それまでは大企業に依存し、傘の下にいればよかったのですが、下請だけを仕事のメインとしてきたため、空洞化といった事態になかなか対応することができません。下請から脱却しようといっても、一社ではむずかしい。そこで、各社の強みを持ち寄って、共同でやろうという話になりました」

東京都大田区の工場の見学会、大学の研究室との交流、第3のイタリア（注）の見学、東京都墨田区の共同受注グループ「ラッシュすみだ」との交流などを積極的に進めていく。

そして、製造部会として、共同受注を試みた。

共同受注の窓口として、1999（平成11）年、任意団体「アドック神戸」を設立する。下請だけの事業から脱却し、横の連携を強化していくための窓口である。

機械加工、電気制御、ゴム製造など多彩な技術と実績をもつ中小企業41社が集まった（現在31社）。亜業種交流がさらに深まった。森合がその代表に就任し、2010（平成22）年まで12年間にわたって務めた。

「長く続けることができて、共同でなにかをする、ということを通じ、参加企業の変革にもつながりました」と森合は言う。

共同受注のむずかしさ

共同受注にはじまった試行錯誤の道のりは、参加した企業それぞれに、意識改革を迫った。

共同受注がスタートしたのは、アドック神戸発足の直前、まだ同友会の製造部会のときだった。1998（平成10）年、新産業創造研究機構（NIRO）から、クッキングオイル廃油回収装置の試作機（1号機）の製造を受託したのだ。NIROは阪神・淡路大震災を契機に兵庫県、神戸市、関西財界が中心となり産業復興と新時代の新産業創造を志向した地域振興を目的に設立された組織である。

予算500万円で、4社によって開発がはじまった。だが、最初の試作機はうまくいかなかった。もう一度設計からやり直して、なんとか開発に成功する。しかし、800万円もかかってしまい、大赤字となった。

当初は、全体の予算管理をするメインとなる会社を置かなかった。通常、自社での開発なら新たな費用とは考えないはずの費用（設計など）も計算に加えてしまう仕組だったことも赤字の一因だった。

運営委員会の6人が全責任を負うことになっていたが、お互いに相手の会社内部のことまでは、簡単には踏み込めない。

「共同受注をしても、価格、コスト、利益などで、必ず揉めるだろう、と思っていました。こっちは損をした、あっちは得をした、と。2、3年続けばいいほうか、という声もあったのです」

そこで、アドック神戸に引き継がれてからは、プロジェクトごとに主幹事会社を決めることになった。主幹事会社が一緒にやる会社を決め、予算管理もするのだ。

こうして、アメリカの薬品市場向け薬剤分包機（5年間で450台納入、売上約4億円）、クッキングオイル回収装置2号機、半導体新工場装置設置工事などを受注し成功させた。

「最初は、自分たちに合わない話がきたら、断っていました。ところが断ってしまうと、ダメなのです。二度と話はきません。なんでもできないとダメなのです。そのためには、なんでもできるメンバーを揃えておかなければなりません。受入体制ができなければ、共同受注はむずかしいとわかりました」

あらゆる技術に精通した人を揃えておくわけにはいかないこと、ただの受注業務では「脱下請」につながらないことから、アドック神戸は、共同開発へと方向性を変えていった。

共同開発を主軸として

2001（平成13）年には「アドック神戸」ブランドで契約・開発・販売するため、任意団体とは別に、有限会社アドック神戸も設立している。オフィスはミツワエンジニアリング（自動機械装置開発・設計・製造。神戸市兵庫区、難波健一社長）内に置いた。

その前の2000（平成12）年には院内感染の防止を目的とした「気体加熱殺菌装置開発プロジェクト」が立ち上がり、共同開発が本格化していた。

２００６（平成18）年には、殺菌装置の特許を申請して取得もした。こうした開発によって、２００９（平成21）年から、空気滅殺装置「アドックR‐３６００」の販売が開始されている。

北斗電子工業（電子機器開発・製造、西宮市、中野浩一社長）、奥谷金網製作所（各種金網・パンチングメタル製造、神戸市中央区　奥谷勝彦社長・奥谷智彦専務）、ツインテック（金属部品組立・製造、明石市、石井　博社長・溝渕隆史専務）、藤製作所（業務用・工業用ガス機器製造、加古郡稲美町、藤澤信幸社長）、明花電業（商社、神戸市中央区、岡田泰寛社長・岡田敏嗣副社長）、そして森合精機の6社で２００３（平成15）年から開発に取り組んでいたものだ。

このほか、ミクロウォーターを活用した新クリーニングシステムの開発プロジェクト、経営者のオフィスや高級マンション向けのインテリアスピーカーの開発プロジェクトなど、いくつもの共同開発が実を結んでいる。

真剣に取り組む例会の意義も大きい

アドック神戸では、共同受注、共同開発による製品の売上の1％を運営費とするほか、利益分配についての細かい規定はない。

これは、成果を追うよりもむしろ、アドック神戸に参画する個々の企業が、参画によって得た経験を通じて、自社の発展にフィードバックしていく効果にこそ、最大の眼目があるからだ。

アドック神戸に参加することで、下請から脱却していった企業も少なくない。そこで3社の変革について見ていこう。

変革の事例1　ツインテック

ツインテックの創業は1956（昭和31）年。当初より、大手情報機器メーカーの一次下請として無線機や防衛庁関係のレーダーなど精密機器の金属部品加工を行なっていたところ、この会社が大手総合家電メーカーに買収され、家電メーカーの専属下請企業となった。売上の9割はこの会社向けが占めていた。

ツインテックは1980（昭和55）年に工場を移転し、移転先で新たな企業との取引がはじまった。それでも特定企業への依存度は約7割と、大きくは変わらなかった。

同友会に参加し、特定企業の依存度が高すぎること、企業としてのリスク管理の重要性を痛感した。

そこから同社は、たとえ小規模な取引でも、新規の取引先を積極的に獲得するようになっていった。同時に、アドック神戸結成当初からメンバーとして、共同受注・共同製品開発に関わっていた。

アドック神戸が認知されるにつれて、多くの顧客から相談や依頼が舞い込み、それが、ツインテックの新規取引にもつながっていった。

また、アドック神戸のブランドの浸透で、参画企業に対する信用力も高まったことから、未知の顧客との関係づくりが以前よりやりやすくなった。

同社は、主幹事会社として、アメリカ市場向けの医薬品自動分割分包機の開発に関わる。それまで多くても約50点の部品点数しか取り扱ったことがなかったが、この装置では５００点を超えたという。

約半数の部品については自社で製作可能だったが、残りはアドック神戸の参画企業を含む外部の企業から部品調達を行なった。

どれも同社にとっては、経験のないことばかりだった。

多くの部品供給業者との取引上の交渉や調整などを経て、プロジェクトを成功させていったことが、大きな自信となった。

以降、同社は、複数の大手企業との取引を広げていき、特定企業に対する売上依存度を、1割近くにまで低めている。

また、「細菌・ウイルス瞬間加熱殺滅装置」のプロジェクトでは、新連携事業（注）としての認定を受けた。

さらにインテリアスピーカーの開発プロジェクトの主幹事会社として、新規事業展開に積極的に取り組んだ。

いまでは中国に進出し、中国市場の開拓も進めている。

アドック神戸への参画が、経営姿勢の抜本的な転換につながったのである。

変革の事例2　奥谷金網製作所

奥谷金網製作所は、1895（明治28）年の創業。116年の歴史がある。

創業から、金網の仕入・販売・加工業務を行なってきた。

1967（昭和42）年にパンチングメタル（金属等の板をパンチングプレスの金型で穴を開けて加工した板のこと）に進出し、それ以降、金網の亜種部門に進出してきた。

結果として、現在では各種金網、パンチングメタルに加えて、JIS試験用ふるい、ワイヤーメッシュデミスター、じゃかごなど、取扱製品は多岐にわたっている。

強みは、金網関連製品の品揃えの豊富さ。また、徹底した品質管理によって競合他社製品と差別化を図り、納期の迅速化を実現し、取引先からの信用力創造に努力してきた。結果として、価格で選ばれるのではなく、同社だから選ばれる存在感を確立している。

アドック神戸結成時からのメンバーながら、参画当初は自社の事業との接点をなかなか見出せず、活動に対してそれほど熱心ではなかった。

仲間内での商売ができればよい、というくらいの気持ちであった。取引先から頼まれたものを製作していれば本業は成立していたからである。

それが、「下請では駄目だ、自立型企業を目指すべき」という森合の考えに影響を受け、それ以降、同社は取引にあたって、価格の下落がなく、しかも対等に付き合っていける関係づくりを目指すことを意識するようになった。

1999(平成11)年には、ホームページを開設した。同業他社でホームページを開設しているところは少なかったが、急速なインターネットの普及によって、中国など東アジア諸国の製造業が国内市場で台頭することを見越し、顧客の視点に立ってのホームページ開設であった。

顧客にとって発注しやすく、見やすいように工夫したほか、さらに会社の歴史、経営革新計画の承認を受けていることなど、信用力を高め安心してもらえる情報も充実させた。

ホームページを開設すると、全国から電話での問い合わせが殺到した。Yahoo や Google などの検索エンジンで「金網」「パンチングメタル」というキーワードを入力して検索すると、同社のサイトが必ず上位に出てくるからだ。

問い合わせだけでも平均して1日におよそ5件、受注ベースで月に30~40件にも達した。結果、年間で約500件もの受注を、インターネットで得た。

営業のスタイル、顧客開拓の方法が一変したのである。現在では、ホームページをさらに充実させていることはいうまでもないが、2008（平成20）年、神戸駅前にショールームを開設、バーチャル・ショールームも設け、ネットとリアル店舗の相乗効果発揮を図っている。

アドック神戸による「細菌・ウイルス瞬間熱殺滅装置」の特許申請では、共同発明人として名を連ねている。「こういうものができないか」と、2003（平成15）年にある大手企業から排ガスフィルターの開発を依頼された。「もちろん開発はできるが、それなら共同で特許出願を」と大手企業に打診したのがきっかけだった。

同社は、アドック神戸への参加を通じて、大手企業に納める保守的な経営姿勢から、全国規模で顧客を集客する経営、未知の分野にも積極的に取り組む経営へと変革したのだ。

変革の事例3　森合精機

「脱下請」をテーマとしてきた森合精機の森合も、アドック神戸に関わることによって、自社の経営を大きく変化させてきた。

「もともとは神戸製鋼系列の日本エヤーブレーキ（現・ナブテスコ）の仕事だけをしていました。８割がそこの仕事でした」

協力会社の会長まで務めたこともあるほどだった。そこの仕事だけをしていればよかった。ところが、時代は重厚長大から軽薄短小へと変わっていった。円高によって「量は出すが、値段は下げて」という圧力が高まっていく。

空洞化によって、海外現地で生産できるようになり、そこと価格競争しなければならなくなった。「脱下請」が重要な経営課題になった。

「自社の経営改革、ビジネスモデルの見直しをしなければ、うまくいかないことがわかってきたのです」

その模索をしているなかで、アドック神戸への参画も一つの契機になっている。

30年以上前、すでに洗浄機を自社開発していた。部品を加工して納品する前に、余計なバリ、汚れなどをきれいに洗浄しなければならない。そのための独自の機器をもっていた。

当初は赤字だったその分野に、自信をもって取り組んでいったのも、アドック神戸で得た経験、多様な人との出会いが大きく影響している。

「私の活動も変わりました。それまでは、マネジメントが社長の仕事だと思っていました。会社にいたら、必ずいろいろな相談がきます。でもそれは部門長が解決するべきことで、お客様の意見を聞いて回ることのほうが重要だと気づいたのです」

社長が会社にいれば、「社長、どうしましょう」とみんなが相談にくる。これでは幹部は育たない。

一方、客先には営業が回っているとはいえ、客先で出てきた話をすべて社にもち帰っているわけではない。関係を悪くしたくないという意識もあって、悪い話ほど技術部門には言いづらい。

いきおい、「売れないのは価格のせい」と、価格の話にすり替えてしまうことも起こり得る。森合はそこに気

「脱下請」を推進する研究開発棟

づいた。

「1年の半分はお客様のところにうかがって、話を聞いて回っています。ニーズというものは、変わるのです。なにが必要か。メーカーはついついつくる側の論理でつくってしまう。お客様の論理でつくらなければ売れません。それがわかってきたのです」

市場調査をしながら、活動をして、それを持ち帰って、「いまの考え方ではお客様は喜んでくれないよ」と厳しいことを社内で言う。それができるのは社長であり、それが社長の一つの役割かもしれない、と考えている。

「こうした市場活動をして、高収益が上がる事業構造をつくるのが、仕事だと思うようになりました。本当にそれを理解するまで、何年もかかりました」

また、同社は7年ほど前からアメーバ組織（注）にしている。製品別に10人程度の単位で15のアメーバをつくり、それぞれにアメーバ長を置き、月に1回、アメーバ会議でチェックする。

これも試行錯誤で、当初は設計、製造などと横に分けていたが、うまく数字が掴めないことから、商品別にした。一貫性があり、曖昧さがなくなった。

アドック神戸は、森合にとって、もう一つのバーチャルな会社のような世界でもあった。

自分の会社では失敗したらと思うとできないことも、アドック神戸でなら思い切ってできることがある。

「やってみなければわからないことばかりでした。やってみて、失敗もしながら、いい経験を積めたと思っています」

森合精機は、アドック神戸を通じて、品質向上を柱としながら、「脱下請」を推進し、独自の製品開発を主軸とした企業へと変革した。

「経営理念、経営戦略（方針）、経営計画ができるようになったら、経営者としては、3年先、5年先のことをやるのが仕事になりました」と、森合は常に顧客と将来を見て活動をするようになった。

アドック神戸の成功要因

アドック神戸が長く続いた要因として、森合は、「行司役を入れたこと、メンバーを絞ったこと、出席者を絞ったこと、強力な事務局を得たこと」と分析している。

設立前の勉強を通じて、行司役の必要性を感じた。社長同士は知り合いでも、仕事となるとぶつかることが多い。異業種交流会が、勉強会としては成功しても、共同でなにかをする点ではうまくいかないのもそこに原因があると考えた。

そこで、兵庫県、神戸市、大学、銀行などから、アドバイザー役に参加してもらうことにした。

「アドック神戸はホンネでやっていましたから。言い争いにはなりますが、行司役がいましたので、ケンカにはなりません。行司役がいなければ、つかみ合いのケンカになってもおかしくない場面もありました」

さらに、案件などの相談はもちろん、専門的な話、専門外の話など多岐にわたってアドバイザーが活躍した。

メンバーは、兵庫県中小企業家同友会のメンバーに限った。それは、勉強熱心な経営者というだけではなく、一緒に勉強をしている経営者であるからだ。

「経営はどうあるべきか、社員はどうあるべきか、そういう勉強を一緒にしていた関係があれば、考え方も共有できると思うからです。そうした気持ちが揃っていないと、なかなか本気で共同開発などに取り組むことはできないでしょう」

アドック神戸は親睦会ではないため、参加する人は、決裁権があることを条件にした。

「現場の人間なら技術に詳しい。でも、自分のノウハウをそう簡単には明かさないし、勝手に明かすわけにもいきません。ナンバーワン、ナンバーツーなら、共同で取り組むために必要なものを出すための決定ができます」

そして事務局長として、栄敏充氏（兵庫県中小企業家同友会前事務局長）を迎えることができたことで、強力な事務局が生まれた。

「県や市にも顔が広い人がいるかどうかで、運営はかなり違います。しっかりした事務局がなくては、活動もうまくいきませんから。おかげで、うまくいきました」

アドック神戸を通じて、今後もたくさんの企業が、経営の変革を進めていくことになると、森合は期待し、同時に自社の変革も強力に推進していく考えだ。

注

＊亜業種交流　異業種交流活動は各地で行なわれてきたが、必ずしも十分な成果を出せないでいる。その理由としては、交流活動で共同研究しようにも責任の所在が明確でなく、具体的な成果が出るまでに至らない中途半端なスタンスでの取組が多かったからだ。

決裁権者（社長）が交流に参加していないことも多い。「亜業種交流」は、連携組織に不可欠な3つの要素を有している組織をいう。

第1に、経営者による信頼関係である。アドック神戸は、経営者の自主的な参画によって構成される兵庫県中小企業家同友会の会員同士という信頼関係に基づき構築されている。

第2に、モデルとなるリーダー企業の存在である。アドック神戸には、アドック神戸が結成される前から自社単独で自社製品開発を実現したモデル企業が存在している。これらの経営者は、アドック神戸に参画する経営者に対して、経営革新のモデルを提供するばかりか、存立基盤強化のためには経営革新の実現が必要であることを訴えるなど多大なる影響を与えている。このリーダー企業が森合精機である。

最後に、有力な事務局の存在である。阪神・淡路大震災以来、アドック神戸の運営全般にかかる対内業務はもちろんのこと、行政や大学など中小企業経営者個々人ではなかなか対応できないような対外業務を、兵庫県中小企業家同友会前事務局長の栄敏充氏がほぼ一人で担ってきた。

＊第3のイタリア（Third Italy・Terza Italia）　中小企業、伝統産業を中心とするイタリアの地域。イタリア中部・北東部 Friuli-Venezia Giulia 州からイタリア中央部を縦断し、アドリア海の Marches 州に至る地域を指す。

もともとイタリアについては「2つのイタリア」という言葉が用いられてきた。これは1861年に政治的統一がなされてもなお、地理的条件・自然環境はもちろんのこと、歴史的社会的経済的側面から見ても北部イタリアと南部イタリアは1国として取り上げるには大きく異なっていることを指しており、高度に工業化された北部イタリアと農業中心の経済的に停滞的な南部イタリアとの格差を称して用いられてきた。「第3のイタリア」は両者とはさらに異なり、手工業や中小企業を中心として自立的発展をとげた地域として1980年代半ばから指摘されるようになった。

＊新連携事業　「新連携」制度は地域における産業クラスター形成の中核となる制度で、地域のさまざまなニーズに対する維持・サポート業務を提供できること目的とし、各地域で育った地域リーダー

が、地域経済活性化の核となるように活動を展開できる可能性を増幅させた。
＊アメーバ組織　京セラ名誉会長・稲盛和夫が考案した経営管理手法で、企業の人員を6～7人の小集団（アメーバ）に組織し管理効率を上げようとするもの。

Profile

◎森合政輝（もりごう　まさき）

1943（昭和18）年、神戸市生まれ。県立神戸工業高校卒業。1959（昭和34）年、父親が創業した日之本製作所入社。1964（昭和39）年、森合精機と改称し株式会社化。兵庫県中小企業家同友会アドック神戸前会長、兵庫県中小企業家同友会前産業クラスター部会長。

◎森合精機株式会社

創　業	1964（昭和39）年
設　立	1964（昭和39）年7月
資本金	6500万円
従業員	130名
売上高	36億円（2011年3月期）
業務内容	油圧機器備品・洗浄機器製造
本社・工場	兵庫県明石市二見町南二見10-2 電話　装置事業部　078-944-0808 　　　油圧事業部　078-944-0805
営業所	東京営業所・中部支部・神戸営業所

http://www.morigoseiki.co.jp/

◎アドック神戸

神戸市中央区波止場町5-4　兵庫県中小企業家同友会事務局

電話　078-334-1230

http://www.adhoc.gr.jp/

トライス——◎第二創業

装置産業の足かせをはずして真の顧客満足を追求　印刷業から情報加工コンサル業に転換する

株式会社トライスは、１９３４（昭和9）年創業と70年以上の歴史をもつ。長く印刷業を営んでいた。株式会社設立は１９４７（昭和22）年。このときの社名は、日新堂印刷だった。阪神・淡路大震災を機に、従来の印刷主体から、企画営業・デザイン主体の企業へと転換、すなわち第二創業を図った。

１９９７（平成9）年、現社名トライス（ＴＲＡＩＳ）に変更。ｔｒｕｓｔ（信頼）、ｒｅｆｉｎｅ（洗練）、ａｄｖａｎｃｅｄ（先進性）、ｉｄｅａ（創造性）、ｓｐｉｒｉｔ（意欲）それぞれの頭文字を並べた造語である。

１９９９（平成11）年、専務だった岸徹が四代目社長として経営を引き継ぎ、経営理念、経営基本方針、社是、行動方針を明示した。そこから「第二創業」を本格化させ、海外からの旅行者向けガイドブック『コンシェルジュガイド神戸』（英語版）を制作、あるいは手がけた仕事が毎年のように業界のコンテストで賞を受けるなど、着々と情報加工コンサル業の道を歩んでいる。

印刷の顧客満足とはなにかを追求

「業態転換は、阪神・淡路大震災がきっかけでした」と岸は振り返る。

当時、多くの社員が震災の影響で出社できない状態になったが、印刷機械メーカーの支援により神戸市内の同業者のなかでは一、二の早さで印刷機だけは稼動できるようになった。それを聞きつけた顧客から、仕事の依頼が数多く寄せられた。しかし、肝心の社員が足りない。そこで、震災被害が少なかった姫路の同業者数社に全面的なフォローを依頼した。

「印刷物の受注は大量で、しかも納品時間は厳守。納品箇所も多い。けれど、納品を待っているのは、被災企業の方々です。何としても間に合わせなければと、姫路市内に倉庫を借り、車を所有している大学生を雇い、深夜に十数台を同時に出発させ、早朝の納品時間に間に合わせたこともありました」

多くの人たちの協力を得て、会社を維持復活させることができた。

「このとき体感したのが、自社ですべて加工しなくても、協力会社の品質と納期の管理さえきちんとすれば、印刷加工の部分では、お客様を満足させることができるのだということでした。そして、いろいろな機械を購入し、内製を当然とする装置産業に疑問を感じはじめたのです」

すでに活版印刷やタイプ印刷のようなプロにしかできない印刷は減少傾向にあり、コピー出力による軽便な印刷が幅をきかせるようになってきていた。顧客が、たいがいのものを自分たちのオフィスでプリントアウトしてしまうとなれば、どれだけ高品質な印刷技術と最新の機器を持とうとも、その流れに逆らうことはむずかしい。加えてインターネットや携帯電話が普及し始めており、今後、紙とインクを使って情報を伝達する印刷市場は大きく変わるのではないか、とも岸はとらえていた。

経済産業省の工業統計によれば、印刷事業者数は１９９０（平成２）年の４６、０８３社から２００９（平成21）年は３０、３１８社へと35％減り、製造品出荷額は１９９０（平成２）年の８兆３、２７１億円から２００９（平成21）年６兆３、２０５億円へと25％減少している。最近ではさらにスマートフォンなどの普及で紙媒体の需要が減り、印刷業界は完全に成熟化しきっている。

岸が自社のあるべき姿を見出したのは、ある大学の学校案内のコンペに参加したときのことだ。

担当の事務局長から、「一緒に志望者を集めてくれないか」と要請された。従来の印刷業なら、学校案内をきれいに予算の範囲内で印刷すれば仕事は終わる。だが、それでは真の顧客満足は得られないことに気づいたのだった。顧客の狙いを把握し、それに対してさまざまな提案をする組織、人材に変えていくことこそが自社の戦略となるのではないかと、このとき強く感じたという。

では、そのためになにをすればいいのか。

悩みつづけていたあるとき、「情報価値創造産業」という言葉に出合った。これだ、と岸は気づく。ソリューション型提案営業である。これが現在の情報加工コンサル業につながっている。

印刷業には、顧客が依頼してきたものを、いかに「きれいに・早く・正確に」こなすかが求められてきた。しかし岸は、本当の顧客満足（CS）は、顧客の増販、増客、増益の手伝いをしてこそ得られると理解している。印刷物は、顧客が目標を達成するためのツールのひとつにすぎないというとらえかただ。

「印刷物の依頼をいただいたとき、仕様や内容などについてさまざまな要求があります。品質、コストさえ合えば、その要求に応えて納めることは可能です。でも、私どもは情報加工コンサル業を標榜していますから、お客様が目的を効果的に達成されるように、提案させていただきます。それによって私どもの存在価値が生まれるのです」

印刷機械を捨てる

顧客満足につながる提案をするには、なによりも社員の意識と感性を高め磨かなければならない。そうしなければ顧客に寄り添った提案はできないし、信頼関係も生まれてこない。

では、印刷業が大きな時代のうねりにさらされるなかで、岸はどのようにして社員の意識を変え感性を磨いてきたのか。

まず岸は、「退路を断つ」ことにした。印刷機械を捨てる決意をしたのである。

新たな設備投資をすれば印刷機の日々の稼働率に目が向き、導入コストの償却に追われるだけになる。そう判断し、印刷機械への投資をやめることにした。あわせて社員の刷新も図った。

機械が故障すれば廃棄する、印刷現場の要員が高齢になるなどして退職し欠員が出ても補充しない、さらには震災の影響で多くの企業が社員のリストラを余儀なくされるなかにあって企画提案をするにふさわしい社員を採用する、という対応で徐々にファブレス化を進めていった。これによって、社員は社内設備に適応する受注を目標にする営業から解放され、さらには顧客の目的にかなう商品やサービスの提供に力を注ぐ体制ができた。

「話すのが苦手という社員も、お客様の前に引っ張り出すようにしました。営業の現場を体験させ、場数を踏ませることがいちばんの教育です」というかたちで社員の意識改革をすすめた。

2002（平成14）年には、ISO9001を取得した。

「ISOを管理運営するうえで、品質方針やマニュアルを作成するなどいろいろと学習しました。とくにルールを守ることとPDCAの考え方を教わったことが、社員の意識改革につながりました」

2003（平成15）年には、「自律型社員の育成」を年間目標に掲げ、社員全員にパソコンを提供し、目標管理を売上から粗利額に変更のうえ、顧客管理、商品管理、原価管理を明確にできる経営管理システムを社内で構築した。社員に危機意識を共有させ、自己解決する能力を養うための施策である。

2004（平成16）年には、営業企画室を新設した。企画書の書ける社員を育てながら、営業企画担当と営業担当による新規開拓を進めた。

兵庫県と神戸市の経営技術診断等専門派遣事業に申請・受理されたことから、コンサルタント会社の協力を得て、バランススコアーカードも導入した。これは1990年にアメリカで開発された、目的や目標を明確にし、問題を解決する手法で、この手法の導入が、ものごとのすべてを社長が決めてしまうのではなく、社員がともに考え対応していく風土づくりに役立った。
整理、整頓、清潔、清掃、躾の「5S運動」も推進している。

「5Sは重要です。これを続けることで、社員に周りの人たちに対する心配りや気配りが芽生えてきます。当然、それはお客様への対応にも及びます。社員には、たえず考えて働くようにと、しつこく指導しています」

ソリューション営業の実現に向けて

顧客以上に顧客のターゲットを熟知し、顧客の課題を一緒に解決すべく提案していくことこそが自社のポジションだと考える岸は、「99%の顧客満足ではだめ、最低でも101%の顧客満足を提供しなさい。この2%の差が大きい」と社員に説いている。

たとえば、大学がオープンキャンパスのときに使う学部案内パンフレットの制作について。
トライスでは前年のパンフレットの情報を更新しデザインを変更するにとどまらず、大学側が発信する情報だけでは受験生にとって物足りないことに着目し、受験生が知りたい情報を集めたフリーペーパーと、オープンキャンパスのときに配るオリジナルしおりの作成を提案し認められた。

「大学は、学生の生活面の情報にはうといところがあります。受験生が知りたいのは、先輩はどんなアルバイトをしているのか、といったことです。そこでわれわれはまず高校を訪ねて、いまの高校生の気質や関心事を聞きます。そのうえでこういう情報を載せてはどうかという提案をします。ブランドで志望者が集まる大学はともかく、そうでない大学は、高校生の関心に応える情報を発信することが志望者増につながりますから」

もうひとつの例が、『コンシェルジュガイド神戸』だ。

「神戸のガイドブックなのですが、制作にあたっては、神戸を訪れる海外の方々が行ってみたいところはどんなところだろう？　食べてみたいものは？　見たいものは？　試してみたいことは？　と項目を列挙し、ホテルのコンシェルジュに、実際に紹介して喜ばれた例を聞くことから始めました。私たちは神戸で生まれ育っただけに、ここを見てほしい、これを食べてほしいと発信したい気持ちは強いのですが、それではほかのガイドブックと同じになってしまいます。実際に聞いてみると、百円均一の店や回転寿司に行ってみたいなど、え？　そんな店？　と思う答えが返ってきたりもしました。発注先はもちろんガイドブックを配る側なのですが、私たちは、ガイドブックを利用して神戸の町を楽しんでくださる海外の方々に満足していただくことを主眼にしました」

顧客が印刷物の制作を考えていても、ほかの媒体を活用したほうが結果を出しやすいと判断すれば、そう提案するという。印刷機をもっていないことで、迷うことなく自社視点でなく顧客視点でとらえた最善の提案が可能なのだと岸はいう。

顧客の課題解決に役立つ提案をする。それによって、長期的なパートナーシップと、顧客と自社双方の利益が創出されるのである。

「顧客の視点に立って、マーケティング思考で取り組みます。ですから、私たちがつくっているものは、技術者が手がけるものとは違うのです」

トライスの提案品質の高さは、受賞歴が物語る。

印刷関連の業界団体である社団法人日本グラフィックサービス工業会（ＪａＧｒａ）の会員が作成した印刷物やＷＥＢ作品を、部門別に審査する作品展に２００４（平成16）年から参加しているのだが、２００５（平成17）年に厚生労働大臣賞を受賞、さらに07年から09年にかけて3年連続で大臣賞を受賞している。しかも、出版印刷物部門、業務用印刷物部門、宣伝印刷物部門と部門を変えての受賞だった。大臣賞を受賞しない年度も、上位入賞を果たしている。

提案力が生かされている

岸が好きな言葉は、チャールズ・ダーウィンの「もっとも強い種が生き残ったわけではない。もっとも賢い種でもない。もっとも変化に敏感な種が生き残った」だという。

トライスは、業態変革することによって時代の変化を嗅ぎ取り、なにが市場で求められるかのセンサー機能を少しずつ高めてきた。いまや社内全体が高感度集団になってきたと岸は自負する。

「経営者の仕事は、『場』づくりです。日々の仕事をしながら、社員を成長させるために一人ひとりに合った場をしつこく提供し、責任をもって働いてもらう。私は社員の成長支援こそが最大の経営戦略と考え、人を育て、人を創り、人で勝負できる企業をつくり、顧客とのベストパートナーシップを確立します」

今後も、社内外の連携を重視しながら、忍耐と愚直さを武器に、人を育て、成長を目指していく考えだ。

Profile

◎岸　　徹（きし　とおる）

1955（昭和30）年生まれ。1981（昭和56）年、日新堂印刷（現トライス）入社。1999（平成11）年、株式会社トライス代表取締役就任。

社団法人日本グラフィックサービス工業会主催のJaGra作品展では、出版印刷物部門経済産業大臣賞（2007）、業務用印刷物部門厚生労働大臣賞（2008）、宣伝印刷物部門経済産業大臣賞（2009）を受賞。

◎株式会社トライス

創　　業	1934（昭和9）年1月
設　　立	1947（昭和22）年1月
資 本 金	1000万円
従業員数	11名
売 上 高	1億9000万円（2011年3月期）
業務内容	印刷に関する企画、DTP制作、WEBサイト制作、取材編集など原稿制作、写真・ビデオ撮影、データベース構築などの情報加工コンサルタント業
本　　社	兵庫県神戸市中央区橘通1-1-9 電話　078-341-2241

http://www.trais.co.jp

プロシード──◎地域貢献

亡き夫が遺した手紙に触発されて起業
心の豊かさを核にした家事代行サービスを展開

1999(平成11)年、51歳のとき、自室をオフィスに、一人で家事代行サービス業を立ち上げ、従業員26名(パート含む)、年商4500万円の規模に発展させたのが村山順子である。その会社、プロシード(屋号「ひまわりサービス」)、神戸市中央区)は、現在、マンションや事務所などの日常清掃、家事代行サービス、そしてハウスクリーニングの3つの事業を柱にしているが、さらに「暮らしの学校」の開校にも着手している。

亡夫が遺した十行のメッセージを支えに起業

村山の夫が出張先で倒れ帰らぬ人となったのは1996(平成8)年のことだった。当時、村山は清掃会社にパートで勤めていたが、その会社の社長と仕事に対する考え方が違ってきて、悶々とした日々を送っていた。そこへ夫の突然の死。村山は鬱状態といっていいほど落ち込んでいった。

その村山を再生させるきっかけになったのは、夫が残した手書きの手紙だった。「遺言状も残さずに逝ってしまった」と思っていたけれど、思い起こすと、亡くなる1か月ほど前の村山の誕生日に、夫がくれた手紙があった。

そこにはこう書かれていた。

「順さんには自分のやりたいことをしてほしい。生き生きと輝いている順さんが好きだ。……人に見せびらかして歩きたいぐらいだ」

この手紙を改めて読んで、村山ははっとした。いまの落ち込んでいる自分の姿を見て、夫が喜ぶはずがない。もっと生き生きと、自分らしく頑張らなければ……。

こうして村山は仕事に復帰し、飛び込み営業も厭わず働いた。そして3年後、自分の本当に思うことを形にしたいと、家事代行サービスの会社を起こしたのだった。

自分の本当に思うこと、というのは、顧客の立場に立ったサービスの提供に努めることである。マンションを担当したら、「もし自分が入居者だったら、エントランスに花を植えて、きれいに掃除の行き届いた状態にしたい」と思うはず、そうした思いを現実にするサービスを提供することだ。儲かるなら何でもするという考え方には、与することができなかった。

「前の会社を辞めた翌日に開業届を出しました。しかも、いざというときのために、廃業のやり方も聞いてきました」と村山は言う。

もしだめなら潔く辞めようと考えていた。ところが、志を同じくする仲間が集まるようになり、村山の前向きかつ誠実な姿勢が周囲に認められ、仕事が増えていったという。

手紙の輪が地域に愛される会社を生んだ

「当初は、スタッフに満足に給料も払えませんでした。そこで、たくさんある会社のなかから、うちの会社を選んでくれてありがとうといった趣旨の、思いをこめた手紙を、毎月、給料袋に入れて渡していました」

そうするうちに、スタッフのほうからも返礼がくるようになった。さらに、知人、そして顧客へと、手紙の輪は広がっていった。

手紙による心の交流が、「ひまわりサービス」のブランディングとなり、心を豊かにする家

笑顔が心の交流点

事代行サービス業、地域に愛される会社へと発展し、県の学校厚生会の指定を受けるまでになった。

「私どもは、幸せな暮らしづくりを応援するというコンセプトをもっています。家事代行で家が片付いただけでは、本当の幸せにはならない。心も豊かになってこそ幸せな人生を送れるのだと思います」

こうした考えから2005（平成17）年からは、地域貢献事業として「心を届ける手紙のセミナー」を開催している。

村山に立ち直る力を与えてくれた夫からの手紙が、事業の生みの親だ。

「夫は、普段はあらたまって何も言ってくれなかったけれど、手紙では気持ちを伝えてくれました。手紙には、素直な気持ちを相手に伝えることができるすばらしさがあることを実感しました。だからみんなに手紙のすばらしさを伝えたいと思ったのです」

村山は手紙の書き方ではなく、自分が経験から得た、思いの伝え方を教えている。依頼主は、PTAや幼稚園、企業の研修にまで広がっており、いまや村山のライフワークになっている。この同社が行なう手紙のセミナーは、健康・生きがい開発財団の認定講座に指定されている。

さらに現在、幸せな家庭づくりをこころと技術の両面から支援する、「暮らしの学校」事業もはじめたばかりである。この事業は経営革新計画の認定を受けている。家事代行サービスで培った家事のテクニック、家庭を軸にしたコミュニケーションの方法、手紙セミナー、自分らしくポジティブに生きる発想法などを提供しようという試みである。

「昔は祖父母との同居がほとんどで、日々の暮らしのなかで日本の伝統的な行事や風習、親子のあり方、子どもの躾などを自然と身につけていました。残念なことに、暮らし方が変わり、日本の伝承の文化が失われようとしています。暮らしの学校は、その失われたものを満たす存在にしようと思っています。生きる力と喜びが、心から湧き出るような学校にしたいですね」

暮らしの学校の授業科目は、「幸せに暮らすこころと技術」「身の回りを整理する」「こころを整理する」「こころを伝える手紙」「体にいいものを創る」「日本の文化を知る」「コミュニケーション」「時間を大切にする」といったものだ。

たとえば「整理収納スタートコース」(3時間15、750円、交通費別)では、客の自宅を訪問し、客がいまかかえている問題や困りごとをとことん聞くことからはじめ、理想の暮らし方を導き出す。そのうえで希望に沿った整理収納のプランを提案し、プランに沿った整理収納作業を進めていく。作業の過程で問題になりそうな部分などポイントを確認していくと、「自分でできる!」「家族に手伝ってもらってできる!」という客が増えてくる。それでも引き続き整理収納をまかせたいという人には整理収納サービス(有料)を、もう少し自分でできるようになりたいという人には整理収納コーチング(有料)のメニューを紹介する。

このメニューの効果は、自分で整理収納ができるようになるだけにとどまらず、家がスッキリすることで心もリフレッシュされ、新しい暮らしがはじまるという期待感や感情が湧きあがることだという。多くの人に、「人生観が変わった」と言ってもらえるという。

「暮らしの学校」が行なう整理収納サービスや手紙の講座は社会、あるいは地域貢献事業という位置づけだが、徐々に収益も確保できるようになってきている。

Profile

◎村山順子（むらやま　じゅんこ）

1947（昭和22）年、鹿児島県沖永良部生まれ。武庫川女子短期大学卒業。尼崎市立小学校教員を経て、1999（平成11）年にプロシード創業。現在、会長。2005（平成17）年より「心を届ける手紙のセミナー」開催。家事代行サービス、ハウスクリーニング、日常・定期清掃等の事業活動、および関連業務の環境負荷低減のため、神戸環境マネジメントシステム（KEMS）の認証を取得し環境マネジメント活動も積極的に行なっている。2011年度「ひょうご優良経営賞奨励賞」を受賞。

◎有限会社プロシード

（屋号は「ひまわりサービス」・代表取締役　村山　力）

創　　業	1999（平成11）年
設　　立	2000（平成12）年
資 本 金	600万円
従業員数	26名（パート・アルバイト含む）
売 上 高	5000万円（2011年3月期）
業務内容	家事代行サービス、整理収納サービス、マンション・事務所・クリニックの日常清掃、ハウスクリーニング、小リフォーム等
本　　社	兵庫県神戸市中央区坂口通6-1-17 電話　078-222-2817

http://www.himawari-service.jp/

イーエスプランニング――◎地域内再投資

周辺の商店を繁盛させる駐車場ビジネスを構築し
ソーシャル・ビジネスとして地域も社員も活性化させる

イーエスプランニング（神戸市中央区）は、駐車場事業の受託マネジメントとコンサルティングを、「神戸に必要な会社になろう」という理念のもとで展開している。

主力事業の駐車場事業受託マネジメントは、月極駐車場や時間貸し駐車場などの管理運営だけを行なうものではない。周辺の商店を「地域一番の繁盛店にする」などユニークな活動を積み上げてきている。運営している駐車場は、神戸市を中心に80か所以上、約３８００台相当。運営の根底には、藤岡義己社長の「駐車場はソーシャル・ビジネス」という考えがある。

「つくる」から「運営」に業態転換

もともとは設計・建築を手がける会社として１９８９（平成元）年に創業された。

阪神・淡路大震災のあと、復興需要で設計や建築の仕事は増え、業績は急伸したが、復興特需の消滅とともに受注は激減してしまった。

建設業界そのものが、1998(平成10)年を転機に長い不況へと突入した。

そこで、「大手企業が参入しにくいニッチな市場」を狙うことにし、業績がもっとも悪化した2001(平成13)年に業態転換を断行した。「つくる」から「運営する」へと仕事の内容を変えたのである。それがいまに続く進化への第一歩だった。

「システムよりも個人の能力が支えている仕事は、たくさんある。そういうところにこそ起業や独立の余地がある」との考えをもつ藤岡は、業界が未整備で、提供されるサービスに開発の余地が多いということで、駐車場事業に着目した。

兵庫県の駐車場協会の会員数はおよそ5000名。これだけ多数の会員を有するのは全国的にも珍しいことで、それだけ自分の土地を使って駐車場を経営している個人事業主が多いということだ。駐車場管理を請け負う、あるいは遊休地を駐車場に活用する提案をしている企業はすでにあったが、やり方しだいで独自の展開も可能だと考えた。

しかも神戸では、駐車場は町の活力を支える重要な役割を担っていた。駐車場があれば、その地域の商業地区にくる客は増える。なければ、ほかの地域に客を奪われてしまう。

また、マンションが急速に増えたこともあり、地域住民にとっては、駐車場の確保が喫緊のテーマになっていた。

市場拡大の可能性は高いと見てとれた。

まずは駐車場ビジネスの実態をつかむために徹底的にデータを収集した。その結果、「不動産事業そのものをサポートする会社」とするのがよいと判断し、経営資源を駐車場事業に集中させた。いまや駐車場関連の売上が全体のおよそ8割を占め、設計・建築関連は1割程度。駐車場事業を主とする会社としては、県内第1位の規模に躍進している。

「いまは新規オープンよりも既存駐車場の経営改善が主力になってきています。今後も、この方向で広げていくつもりです」と藤岡は言う。

地域を元気にする

藤岡は「駐車場事業は利他業だ」と主張する。地域が活性化してこそ駐車場周辺が賑わい、駐車場に車が停められるようになり、そして駐車場の収益性が高まる、というわけだ。

この考えを基に、駐車場と地域との関係を考察した結果、2006(平成18)年に開始したのが、「P - CLUBパーキングモール」である。

神戸は、年間に3000万人が訪れる観光地である。にもかかわらず、神戸の駐車場利用の

94％以上が神戸ナンバーの車である。また、駐車場事業は、不特定多数の利用者に支えられるサービス事業との印象があるが、実際には利用客の上位10人が売上の10％以上、上位20人が売上の20％以上を占めることも明らかになった。つまり、利用者の利便性を高めること、地域の活性化を図ることが、事業の盛衰に直結するのである。

情報を発信することで、駐車場は新しい価値を生み出していけるのではないか……。パーキングモール、すなわち「駐車場前商店街構想」はそこから生まれた。

具体的には駐車場から半径３００メートル圏内で契約店を開拓し、店舗間で連携して顧客サービスになるクーポンや特典を設定する。駐車場利用客には、利用に応じてＰ―ＣＬＵＢポイントをプレゼントし、そのポイントは地域通貨（Ｐ‐ＣＬＵＢクーポン）として契約店で利用できる。これらの情報が載ったフリーペーパー、神戸コミュニティー応援マガジン「Ｐ‐ＣＬＵＢ　ＮＥＷＳ」を駐車場利用者に配布するとともに、ネットでも情報発信する。駐車場利用者を周辺商店に誘導し、購買の動機づけまでも駐車場が担うという構図である。

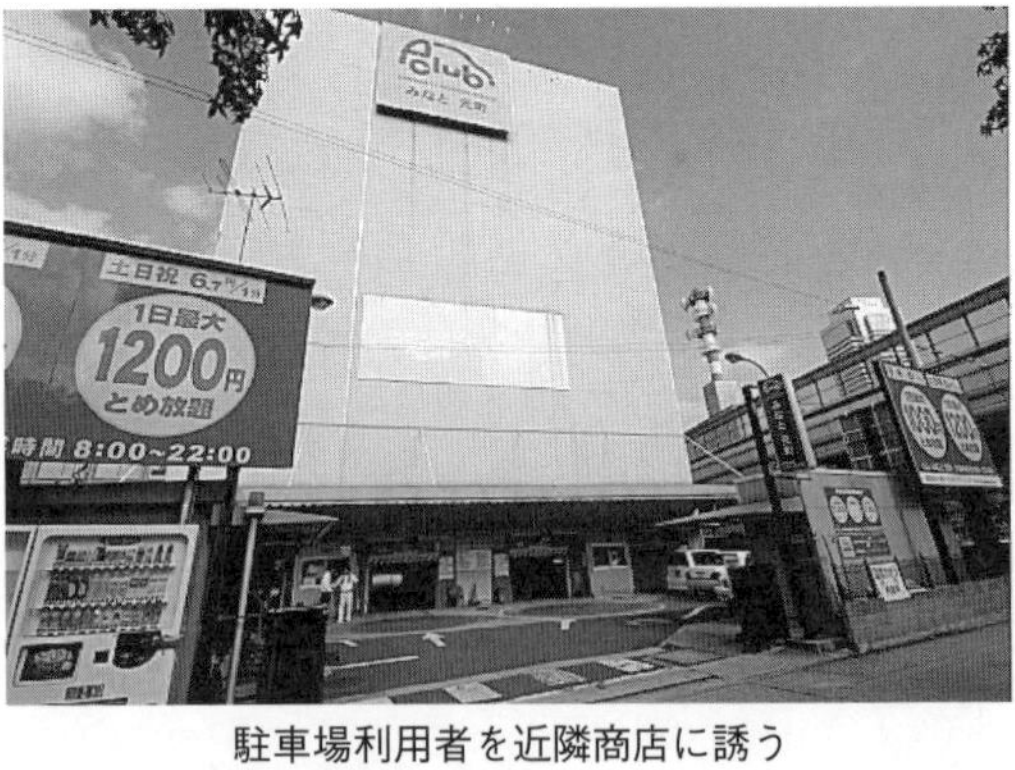

駐車場利用者を近隣商店に誘う

「駐車場ビジネスは、サービス業です。やりかた次第で売上が上がるビジネスです」と藤岡は言い、1台分8坪のスペースで月額40万円までいった例があると示す。

料金設定や接客員の態度で売上が変動する。すなわち「不動産業というよりサービス業」が本質であるにもかかわらず、既存の駐車場のほとんどは、マーケティングやサービスの取組がなされておらず、またそれができない事情にあったのだという。

時間貸し駐車場の多くは、車を停める立地条件を最優先し、ついで地域の相場から競争力をもつ料金を設定する。そしてサービス機能を排除したセルフサービスでコスト低減を図り収益の確保に努める。

イーエスプランニングでは、客が車を停める目的、駐車時間などのデータを収集・分析し、それに裏打ちされた運営を行なう。

たとえば駐車場利用者はなぜこの地域にきたのか、駐車したあとでどういう行動をとったのかを見ると、オフィスの多い地域では、取引先を訪問するために停める車が多く、その駐車時間は短い。そこでこの実態に対応すべく、1分刻みの料金体系を導入する。そうすれば、利用者は余分な時間料金を払わずにすみ、駐車場は回転率が高まる。

このような安くて便利な駐車場があることを利用者に認知してもらうために、当初1～3か月は人員を配置し旗を振らせて、存在をアピールし誘導する。チラシも配る。

あるいは定額制の1日料金プラン、会員制など、地域における駐車場の位置づけや地域との関係、利用者の傾向をとらえて、独自の料金体系やサービスを提供している。

地域の店舗と提携してクーポンを発行する、地域の店舗マップを作成する、といった展開も、商業施設や飲食店がある地域では、それらの店が繁盛することで駐車場が潤うという考えから仕組を構築したものだ。

システム化と地域内再投資でさらなる発展

地域における駐車場の位置づけ、利用客の傾向などは、すべてデータで把握・管理している。運営する駐車場が少なかったころは手入力でデータ処理に対応できていたが、増えてくるとシステム化が必要になったため、駐車場専用のネットワーク型ポスレジを開発した。これによって、遠隔地で駐車場の売上や稼動状況を管理することが可能となり、利用時間に応じた差別精算やポイントサービスなどが実現できた。

2003（平成15）年には画像処理技術を応用したナンバー読取装置を導入。利用者がどこからきているのかといった、それまでは非常にむずかしかった情報収集が可能になった。この技術は商業施設や流通業者にとっても有益な情報をもたらすため、新たに「セールスコンサルティング業務」を始めている。

車のハイブリッド化、電気化に対応するために、立体駐車場メーカーと協同で駐車場の電気スタンド化を推進、あるいは償却が進み修繕費用を必要とする駐車場オーナーに対して資金負担を平準化する修繕サポートの導入といった取組も始めている。

駐車禁止の取締りが厳しくなるにつれて、駐車場利用の需要は増える。それだけに、駐車場は利用者から選ばれる存在になるだろう。

神戸を元気にするのは売る側ではなく消費者、だから神戸の人が神戸の店で買い物をすることを促進させて地域を活性化させたい……という願いが藤岡にはある。地域内再投資の発想だ。藤岡が、駐車場を通してより深く強く人と地域を結びつけるサービスの開発にこだわっているのも根底はそこにある。

駐車場利用者への近隣商店の特典情報の提供も、店舗にまかせっきりにせず、駐車場にスタッフを配置し、おもてなしの対応をしながら行なう。スタッフを置きたくても、コストを考えれば置けないのがほとんどの駐車場の実情だ。それだけに、スタッフがいて、利用客とスタッフが直接ふれあうことが競争力を高める。そこにあるから利用される駐車場から、対応するスタッフがいるから利用される、すなわちファンがつく駐車場になっているのだ。

そしてそのサービスの担い手である人は、「夢をもって働いている人と、夢をもたずに働いている人とでは、サービスに差がでてくる」という。

そこで生まれたのが、「暖簾分け制度」だ。

駐車場で働くのはパート・アルバイトである。人件費を安くしようと思えば、多くのパート・アルバイトに少しずつ入ってもらうほうがいい。

しかし藤岡は、スタッフに夢をもって働いてもらうために、段階的な研修を用意し、最終的に本人が望めば「暖簾分け」として一つの駐車場をそのまま任せるようにしている。独立し、成功すれば、家族を養える収入を得ることもできるわけだ。

地域内再投資の発想が、システム開発やビジネスモデルづくり、そして人材育成にまでも貫かれている。

このような取組が評価され、イーエスプランニングは2004（平成16）年に「中小企業支援ネットひょうご」兵庫県成長期待企業として認定され、2007（平成19）年度の「Japan Venture Awards」では地域貢献賞を受賞している。受賞理由は、「神戸の地元商店街や商業集積地近辺にある駐車場をネットワーク化し、駐車場利用に応じて商店街で使えるクーポンを発行。商店街や近接店舗に顧客を回帰させ、地域を元気にすることに貢献している」というものであった。

Profile

◎藤岡義己（ふじおか　よしみ）

1958（昭和33）年、兵庫県朝来市生まれ。神戸市外国語大学卒業。1989（平成元）年、建築・設計の株式会社イーエスプランニング設立。2001年頃に業態転換を図り、マンション・アパート、駐車場の管理運営を主な業務とする。兵庫県中小企業家同友会代表理事。

◎株式会社イーエスプランニング

設　立	1989（平成元）年5月24日
資本金	4000万円
従業員	57名
売上高	9億1000万（2011年2月期）
業務内容	駐車場事業委託サービス（80%）、駐車場運営コンサルティングサービス（10%）、建築事業（10%）
本　社	兵庫県神戸市中央区栄町通6-1-19 電話　078-362-2512
株　主	藤岡義己　公益財団法人ひょうご産業活性化センター

http://www.esplanning.co.jp/

http://www.p-club.co.jp/

米子自動車学校――◎地域密着

職員の満足度向上に努め
地域住民に支持される自動車学校を追求

自動車学校は、少子化により需要減に見舞われている。加えて就職難が続いているため、就職を回避し、運転免許の取得も見送って、大学や専門学校に進学する高校生も多いという。

こうしたことから自動車学校業界は価格競争に陥り、結果として廃業に追い込まれる例も少なくない。そういうなか、価格競争に走らず、他県から生徒を呼び込む合宿教習を行なわず、地域に密着することで存在感を示しているのが、学校法人米子自動車学校（米子市旗ヶ崎）である。

毎年、感謝祭や少年野球大会を実施

同校は1955（昭和30）年、現理事長の祖父で政治家・教育家であった柳谷保一によって

創立された。現理事長の柳谷由里は4代目にあたる。柳谷家代々の家訓として「地域に役に立つことをせよ」があり、合宿教習を行なわないのは、その教えを踏襲したものである。

さらにその考え方を発展させ、創立50周年を迎えた2005（平成17）年からは、「お客様感謝祭」という学園の文化祭のような催しを、学校の敷地を開放し、市民を交えて実施している。あるいは少年軟式野球大会「米子自動車学校杯」を開催し、地域住民、卒業生との交流促進や地元の青少年の育成に貢献する活動を展開している。

自動車学校というと、一度通って免許を取って卒業したら、それで関係は終わりになるのが通例だ。リピーターはあり得ない業種の典型である。それだけに、親から子へ、子から孫へと、地域の顧客を継続して獲得していくことが大切になる。感謝祭や野球大会の実施・支援は、免許を取得し卒業した顧客との交流を継続させ、支持を得るための取組である。

「自動車学校は生涯に何度も行くところではない。それなら、クルマの関係以外でつながりをつくれないかとスタッフと相談し、手づくりの感謝祭を始めました。フリーマーケット、飲食店が100店ほど出ます。地域の方が習い事を披露する場としても使ってもらっています」

同校の顧客は、「スタッフのつながりから入る方が多く、祖父母の代から孫まで当校で免許を取得される例も多い」と柳谷は言う。子どものころから馴染んでもらうことで、潜在顧客をつくっていくのである。

顧客満足の前に社員満足を

柳谷由里が理事長になって自らに誓ったことが二つある。一つは、地域に支持される会社であること。もう一つは、社員が誇りをもって働くことのできる会社にすることであった。

自動車学校をとりまく状況は、厳しいものだった。

少子化が顕著になった1990年代後半から、自動車学校間の競争が激化してきた。売上が減少し、このため教習料金のディスカウントも激しくなった。地方では合宿教習に取り組むところも増えたことにより、いちだんと低価格化競争が進んだ。

学校は経費削減を強いられ、職員の労働条件は賃金をはじめとして厳しさを増した。それが経営品質の低下、社員のモチベーションや満足度の低下を招き、さらには顧客満足(CS)の低下に直結、結果として業界全体が負のスパイラルに落ち込む傾向を見せている。

合宿教習所はスケールメリットを活用した低価格化で顧客の確保に努めているが、単独経営の自動車学校が同様の方式をとるのは困難で、新たな戦略づくりが求められている。

このような状況にあって柳谷がとった戦略は、「競合他社との価格競争に参入せず、社内の経営品質を向上させる取組と顧客に対する付加価値をつけて他社との差別化を図り、利益を確保する価値創造経営をめざす」というものだった。

　自動車学校は公共性の高い存在であり、継続的に経営することが地域の雇用確保と納税の維持、そして地域の活性化につながる。それを遂行するのが地域密着型企業の役割でもある、との考えによる。

　コストだけで競合他社と競争するには限界があり、いずれは共倒れする可能性もある。しかも無理に経費を抑えれば、業界の負のスパイラルに巻き込まれてしまう。とりわけ社員の賃金や働く環境を悪化させれば、やる気が失われ、それは顧客に対するサービス低下につながる。自動車学校はサービス産業であり、かつ教育の役割を担う事業である。人が人に接して相手に力をつけさせ、その対価として金銭を顧客から頂戴するのだから、人すなわち社員がなにも増して重要な存在となる……。

　こう考えて、柳谷は二つの誓いを立てたのだった。

「私どもは、地域の住民のみなさまとのご縁によって支えられているのです。教える側も教わる側も、おたがいに家庭

笑顔での対応が地域で好評

環境や人柄まで知っていることもめずらしくありません」

1年間に迎え入れる顧客はおよそ2000人にのぼるという。その人たちに、「あそこの社員は質がいい」と評価されるならば地域のサービス産業として成り立っていくと柳谷は考えている。自身が経営セミナーに参加するなどして、「社員満足（ES）を高めていけば、顧客満足（CS）につながり、それが社業の発展をもたらす」ことを知ったからだ。

そこで地域住民との交流を深化継続する施策とともに取り組んだのが、女性が働きやすい職場づくりだった。同校には県内の同業他社と比べて、女性指導員の比率が高かったのである。現在、38名の指導員のうち6名が女性だ。

「地方には優秀な女性が埋もれています。優秀な人が活躍できる場を設けることは経営者の責務ではないかと思うのです。スタッフが公私ともに充実できるように職場環境を整備することに意を注いでいます」

こうして取り入れたのが、子どもの学校の参観日に出向くことができる「休暇制度」、子どもに親が働く姿を見せる「自動車学校のふれあい参観日」、外部講師を招いての「職場教育研修会」（仕事と子育ての両立などをテーマとする）といったものだ。こうした活動が評価され、県から、2006（平成18）年に家庭協力推進企業、2009（平成21）年には男女共同参画推進企業の認定を受けた。

2011（平成23）年には、学内に保育所「すくすくよじが」を開設した。姉妹園である「かいけ幼稚園」からベテランの幼稚園教諭に出向してもらい、スタッフと顧客の子どもに限定して預かっている。子育てをしながら勤務あるいは受講できるわけだ。

スタッフによれば、「理事長が女性なので体調を気遣ってくれ、仕事がやりやすい」「いろんなプロジェクトがあり、意見を取り入れてもらえるのでやりがいがある」そうだ。

2011（平成23）年からは、3年計画で「感動プロジェクト」を立ち上げた。「お客様の心に安心と感動をつくる自動車学校」を目指して、「自動車学校がそんなことまでしてくれるの？」という企画を考案中である。スタッフの意識改革と業務の棚卸の相乗効果を目的に、スタッフ自らが計画し、実施するのだという。

柳谷は、さらにこう語った。

「自動車学校には地域のドライバーの安全を守るという非常に大きな役割があります。事故を起こさない、違反をさせない運転技術を提供すること、それが顧客からのいちばんの評価対象となればと願っています」

Profile

◎**柳谷由里**（やなぎたに　ゆり）

1962（昭和37）年生まれ。2004（平成16）年、理事長就任。2011（平成23）年、全国指定自動車教習所協会の「優良教習所」表彰を受ける（3回目の受賞）。エコドライブ講習が評価され、交通エコロジー・モビリティ財団から鳥取県内の自動車学校で第1号の認定を取得。姉妹校学校法人かいけ幼稚園理事長。

◎**学校法人米子自動車学校**

創　　業	1955（昭和30）年8月11日
資 本 金	3000万円
スタッフ	51名
売 上 高	4億700万円（2011年3月期）
業務内容	自動車教習、地域の交通安全センターとして交通安全教室・高齢者講習・企業講習・ペーパードライバー講習・エコドライブ講習を行なっている。
本　　社	鳥取県米子市旗ヶ崎2-15-1 電話　0859-33-1231

http://www.yojiga.net

いのうえ――◎経営革新

「貸し衣裳屋」から花嫁の幸せをつくる「世界一の幸せ創造カンパニー」へ

神戸はもとより、大阪、京都でも、「ここにないなら、どこにもない」といわれるほどの豊富な品揃えでファンを持つ、「ウエディングサロンイノウエ」(神戸元町本店をはじめ計4店舗)を展開するのが、いのうえ株式会社である。ウエディングコスチュームの貸出を事業の柱に、「レストラン・ウエディング」や「ハウス・ウエディング」など新しい形態の結婚式を開発、リーズナブルな費用かつ洋風の自由なウェディングスタイルの提案によって潜在ニーズを発掘し伸びてきた。

もともとは井上寝具貸衣裳店として、寝具小売と貸衣裳業を営んでいた。二代目社長の井上芳昌が、90年代にコスチュームサロンとして第二創業を果たし、2002(平成14)年、現社名に社名変更し現在に至っている。

第二創業のきっかけは、1995(平成7)年の阪神・淡路大震災だった。

再開第一号の客の一言で方向性が決まる

阪神・淡路大震災によって、当時、長田に構えていた店舗は全壊した。この当時はまだ寝具小売でも、まずまずの売上はあった。しかし、輸入製品に押され気味になってきていた。

「再建にあたっては、今後の生き残りのために、トレンドになってきていた洋装のブライダル市場に特化しよう……。そのためには、店舗はファッション感度の高い一等地、三宮か元町に出すべきだ」

こう判断した井上は、縁あって元町に場所をみつけ、1995（平成7）年6月、ここに店舗をオープンした。

店舗立地は、繁華街の路面店にこだわった。

「結婚式の主役は女性です。式のポイントは式場と衣裳ですが、どちらが優先されるかといえば、衣裳だと思ったのです。ですから店が目立てば、衣裳を先に見にきていただける。そこから式場へという流れをつくれるのではないかと考えたわけです」

ブライダル市場では後発の同社は、当時、神戸の結婚式場ご三家とされていた老舗式場やホテルには、食い込めないでいた。繁華街に店舗をもつことは、連携する式場の開拓にもつながるという狙いがあった。そこで一等地に打って出たのである。

そうはいっても、オープンしたのは、震災からまだ半年という時期。果たして客は来るのかと、不安にかられてのオープンであったという。

そこに新店舗第一号の客がやってきた。「このたびの震災は、大丈夫でしたか」と尋ねた井上に返ってきた答えは、こうだった。

「住まいは半壊でした。親戚が大けがをして、友人が亡くなりました」

「……」

悲しい現実に返す言葉を失っていたところ、続けてこう言われた。

「ですが、世の中がこういう大変なときだからこそ、結婚式、披露宴をして、列席するみなさんにひとときでも震災のことを忘れて心から楽しんでいただきたいのです。見る人の気持ちが晴れて、幸せの感じられるドレスを一緒に選んでください」

このことばに、井上は感動した。同時に以前から考えていた会社の方向性が見えた瞬間でもあったという。

貸衣裳屋は社会のために何ができるかを、井上は店舗再開の前から考えていた。その答えが、いま、客のことばのなかにあった。

「衣裳を貸すのがわれわれの仕事ではない。衣裳を通じて世界一の花嫁をつくりだし、幸せの輪を広げることが仕事なのだ……」

こうして、いのうえの第二創業の経営理念である「世界一の幸せ創造カンパニーを目指します」「CUSTOMER　FIRSTで仕事に取り組みます」「幸せ循環の輪を広げます」が生まれたのだった。

レストラン・ウエディングを開発

「幸せを創造する会社」という新しいコンセプトから発展させて取り組んだのが、従来型の式場やホテルではなく、邸宅やレストランを貸し切ってリーズナブルな費用かつ顧客の自由な発想で式を挙げる、レストラン・ウエディングである。同社はその先駆けとして知られるが、きっかけになったのは、取引先の社長が渡してくれた外国の本『ウエディングス』だった。

「英文の本でしたので辞書を引きながらでしたが、それでもすべて読みました。そして、そこに紹介されていたことを参考に、パーティ式のプランを考えました。どんなスタイルが求められるのだろう？　といったことからイメージをふくらませて、新郎新婦の思いが実現するように組み立てていったのです。それをマニュアル化してレストランなどに提案していきました。成功例ができればビデオに撮影してプレゼンをしていき、ほどなく提携先は40社ほどになりました」

二人の船出をコンセプトにした船長スタイルのタキシードとドレスによるクルージングスタイル、あるいは異人館を舞台にバンドの生演奏を入れる形式、新郎新婦の友人たちにもお揃いのコスチュームをアレンジするなど、さまざまなプランが生まれた。

費用は、もちろんメニューとアレンジによって上下するが、「六甲荘のアニバーサリープラン」では30人で55万円から、といったところである。旧来の式場よりリーズナブルな料金で、しかも自由にプランが組めるとあって、90年代から浸透しはじめ、いまではウエディングの主流になりつつある。この方式を広めたことでイノウエのブランド力は高まり、現在では神戸のほとんどのホテルと取引をするようになっている。

並行して事業のメインであるウエディングドレスも充実させた。

「日本製はやはり和装の文化から発想しており、ヨーロッパのものとは立体感などが違うのです。洋装のよさを出すにはインポートしかない。それもほかの店にはないというものを持てば、大きく差別化が図れます」

ということで、1996（平成8）年からロンドン、ミラノ、ニューヨークへと仕入に赴くようになった。これは副社長である井上夫人が中心になって進めたという。

社員の育成にも注力してきた。

あらたなサービスを生み出す原動力はヒトである、と認識している井上は社員のレベルアップ、モチベーションアップのための取組を重視している。

店長クラスと社員とにわけての研修がその取組のひとつだ。

店長クラスについては、社長、副社長が行なう研修もある。会社の経営方針、経営理念の認識・理解を深めさせ、ベクトルを合わせるのが狙いのひとつ。そしてもうひとつ、トップダウンだけでなく、店長クラスから意見を吸い上げるボトムアップの場としても活用している。

経営者と社員相互の信頼関係を構築し、社員みんなの「いいとこ取り」をすればいいという考えに基づくものだ。

営業部門合同ミーティングでは、数値化された結果や目標を、社員同士が、達成できたのはなぜか、できなかったのはなぜか、どうすればできるのか、をとことん突き詰める。体育会系のクラブ活動の空気が漂うこのミーティングは、会社に泊まりこんで行なわれることもあるといい、社員同士のコミュニケーションの醸成にも役立っている。

外部講師や外部研修を活用して、専門知識を深める衣裳研修や接客・販売技術研修も実施している。お客様に的確な提案と行き届いた接遇をするためには、「理論（知）」と「実践」の融合が不可欠であるとして、新しい知識を吸収する場を積極的に設けているのだ。

「女性は、まずは衣裳から」を追求

創業時は1階だけだった元町本店は、いまは3階建てに改装されている。1階がオリジナルブランド、2階がイタリア、ニューヨーク、フランスのデザイナーのコレクション、3階は桂由美やアトリエアイメなど高級ドレスのコレクションフロアになっており、品揃えは西日本では最大級である。

さらに2011(平成23)年10月には、大阪本店をオープンした。これは既存分野の売上を伸ばすための出店ではなく、これまで開拓できていなかったハイソサエティクラスのトップゾーンにターゲットをしぼった出店である。

大阪駅の目の前、大阪随一といってもいい一等地に果敢に出店したのは、最高の立地への出店がさらなる進化の突破口になると考えたからである。いわば進化戦略の一環だ。

アールの形状を用いたガラス張りで高級感に溢れ、店内装

西日本最大級の品揃え

飾や衣裳のディスプレイも高級ウエディングシーンを体感できるものになっている。

元町本店は、幅広いお客様に満足いただける品揃えとサービスを提供している。大阪本店は最高級のアイテムに絞り、この店で衣裳を選ぶことの喜びと優越感、ほかの店にはない衣裳が見つかる満足感が得られる存在になっている。スタッフは高度な専門知識ともてなしで対応する。

こうしてイノウエは、「女性は、まずは衣裳から」の姿勢を貫いているのである。

井上は、2005（平成17）年に婚礼事業関係者らで設立された「神戸ウエディング会議」の役員も務め、神戸をウエディングの街にすることを目指しての地域活動にも尽力している。レストラン・ウエディングをさらにグレードアップさせたカジュアル・ウエディングも構想中だ。

幸せ創造カンパニーの進化はまだ続く。

Profile

◎井上芳昌（いのうえ　よしまさ）

1948（昭和23）年生まれ。1986（昭和61）年、代表取締役社長就任。

1949（昭和24）年創業、寝具小売・貸衣裳を取り扱う。

2002（平成14）年、社名変更し現在に至る。2011（平成23）年10月梅田に大阪本店オープン、計4店舗を展開する。ウエディングコスチュームのレンタル事業を柱に、「レストラン・ウエディング」や「ハウス・ウエディング」などの事業も展開している。

◎いのうえ株式会社

創　　業	1949（昭和24）年
設　　立	1968（昭和43）年1月
資 本 金	3000万円
従 業 員	60名（正社員35名、パート25名）
売 上 高	9億5000万円（衣裳部門7億9000万円　関連部門2億6000万円）（2011年3月期）
業務内容	婚礼衣裳レンタル・関連商品販売
本　　社	兵庫県神戸市長田区久保町4-3-5

ウエディングサロンイノウエ

兵庫県神戸市中央区元町通1-8-4

電話　078-392-2030

http://www.ws-i.jp/

あとがき

私は1960（昭和35）年、大阪ミナミの老舗料亭の長男として生を受けました。しかし15歳のときに家業の料亭「みのや」が倒産、家の借金も背負うことになりました。学費の工面だけでなく、借金の返済もかかえ、その後20年にわたって、お金との闘いが続きました。

本書は、学者の「論」としてではなく、そうした私の人生経験をふまえ、中小企業経営について述べたものです。

あとがきとして、これまで私を支えてくださったみなさまへの感謝の気持ちとともに、すこし人生の歩みをふり返って記しておきます。

幼い頃の家族旅行といえば、不仲な両親のいさかいによって、いつも楽しい気持ちがしぼんだ記憶があります。

そんな体験から、結婚したら妻と日本全国を旅したい、楽しく笑顔で……と夢を描いていました。

北は北海道、利尻・礼文から、南は沖縄、西表まで全国津々浦々、妻と二人、娘が生まれてからは家族三人で日本全国をくまなく訪ね、およそ25年の歳月をかけて、夢を叶えることができました。

20代の頃は、もっぱら民宿、ユースホステルを利用する貧乏旅行でしたが、民宿のこたつにあたりながら、旅で出会った人たちと一期一会の会話を楽しみました。

数年前から、家族旅行は海外に飛び出し、中欧三カ国（チェコ・オーストリア・ハンガリー）を皮切りに、イタリア、香港・マカオ、ベトナム、カンボジア、バルト三国へと及んでいます。コンセプトは、世界遺産を巡る旅。まだ見ぬ地球の遺産に出会う旅は、これからも続きます。

世界の国々への興味に火をつけたのは、１９７０（昭和45）年、10歳のときに大阪で開かれた日本万国博覧会（ＥＸＰＯ'70）です。

さまざまな国旗に象徴されるめくるめく世界が、目の前に開かれていました。一つひとつの国について深く知りたいと、１８３日間の会期中約90日は万博会場に足を運び、映像、展示、すべてをつぶさに観てまわりました。それぞれのお国自慢を丹念にノートに記し、家に帰ると百科事典でその日見た国についてあらためて調べていったものです。

これによって興味のある分野を深く追求し整理する能力が磨かれ、学者としてのベースが築かれたかと思っています。

ちなみにこの体験が、「博覧会おたく」の出発点となりました。1975（昭和50）年の沖縄海洋博、1981（昭和56）年の神戸ポートピア博覧会（関西学院の親友たちと）、1985（昭和60）年の筑波科学博覧会、1990（平成2）年の大阪花と緑の博覧会（妻と二人で）、そして2005（平成17）年の愛・地球博（EXPO2005AICHI）は念願叶い家族三人で訪ね、いずれの博覧会でもすべてのパビリオンを制覇し、スタンプとパンフレットを収集しました。いつかタイムマシンができたら、真っ先にこれら博覧会の数々を再訪したいものです。

万博終了と時を同じくして、海外取材番組『おはよう地球さん』（のちの「おはよう720」、「おはよう700」）の放映（TBS系列）が始まるや、朝から番組にくぎ付けでした。万博で得た知識が映像になって目の前に出現します。まるで世界を実際に旅しているかのように心がときめいたのでした。この頃から、レポーターや司会者など、自身の知識や感性を発信する職業に憧れを抱くようになりました。

そして、当時メインリポーターだったケンケンこと見城美枝子さん（現青森大学社会学部教授）に、その物腰やたたずまいなど知的な女性へのあこがれを重ね合わせていました。何十年の時を経て、彼女と旅先で偶然の出会いを果たしたのは、２００４（平成16）年、青森県金木の太宰治記念館「斜陽館」でした。

『おはよう地球さん』に出演していころからのファンであったと伝え、握手。神様が引き合わせてくれたかのような、心躍る出会いでした。

関西学院中学部に入る頃から、家業が傾き始めました。鬱々とした毎日のなかで、万博や映画など、興味を共有できる友人にめぐり合いました。

『飢餓海峡』『天国と地獄』『砂の器』など、当時の邦画の名作に触れ、自身の人生と重ね合わせて万感の思いをいだいたものです。いまも心に深く残るのは、『砂の器』のラストシーン。「生れてきたこと、生きているということ」……このフレーズが全身に反響し、自らに課せられた宿命を実感します。

そして15歳のときに、家業の料亭が倒産。経済的にも、家庭的にも、どん底の状態に陥りました。

アルバイトで、学費のみならず家の借金も返済しなければなりません。そんな窮状を親しい友人にすら打ち明けることなく、学業に打ち込みました。

心の張りは、いまも変わらぬ親友の一瀬隆重（現㈱オズ代表取締役）をはじめとする映画研究会の仲間との自主映画制作でした。テレビの放映では第28話までの「ウルトラQ」第29話を作ろうと、当時番組のナレーションをしていた俳優石坂浩二に手紙を書くと、間もなく返事が届きました。高校生の夢に協力を快諾し、出来上がった第29話のナレーションも引き受けてくれた彼に、いまも感謝の念は絶えません。

「料理」への関心の火付け役となったのも、石坂浩二さんです。東京のお宅に伺うと、エプロン姿の彼が、さまざまに工夫を凝らした手料理でもてなしてくれました。その姿に、エプロンの似合う料理上手な男性のカッコよさに開眼したのです。

その後、『料理の鉄人』（フジ系列）に登場する創作料理のあれこれを見様見まねで試作するようになりました。

難易度の高いものに挑戦し、味のほうは家族に不評で、結局お蔵入りになったものもいくつかありますが、トマトのカプレーゼ、エビとアボカドのエスニック風味の前菜、牛肉の岩塩包み、チーズの豪快鍋、かぼちゃとマスカルポーネのジェラート、牛乳チーズのフルーツソース添え、バナナとチーズのフレンチトースト巻きなど、いまも友人を自宅に招いたときの定番メニューになっているものもあります。

物心ついたときから食事はいつも一人でした。板さんが店のまかない食を部屋に運んでくれていました。ぐじ（甘鯛）の塩焼き、あげの焼いたもの、ヒラメの薄づくり……。すき焼きすら、一人前の鍋で食べていました。さみしかったものの、一流料亭のまかない食の味が、現在の食に対するこだわりの原点になっているのかもしれません。

21歳のとき、大学のキャンパスで妻と出会いました。

1回生だった彼女と向き合った瞬間、ビビビと電気のような閃きが走りました。おしゃれな関学ギャルとはほど遠く、化粧気もない。体育会のテニス部だった彼女の、素朴ながら全身からほとばしる発光するようなオーラが、私の心をとらえました。

一方、彼女のほうの私についての第一印象は、真っ白なセーターに身を包んだ清純なイメージ……だったそうですが、いったん話を始めると、「業界の人？」と思うほど学生らしからぬ世間ずれした、大人の男性です。真っ白というより、深い暗黒色のような内面に驚いたそうですが、それこそが他の人にはない魅力に映ったようです。

惹かれあった二人が、ごく自然に生活を共にするようになるのに、時間はかかりませんでした。

26歳で、大病を患いました。『白い巨塔』を彷彿させるような大学での人間関係と、家庭での金銭的なストレスから、大腸がボロボロになり、緊急入院。死の覚悟も促すような主治医の病状説明に、妻は茫然としましたが、その日から4か月間、泊まり込みで看護してくれました。

のちに妻は、「生まれ育った家族の縁に薄い、貴方の孤独の深淵を見た気がした」と回想しました。

身長183cm、75kg。その体重が43kgにまで減り、骨と皮ばかりになった身体が、専門病院への転院を経て、奇跡的に回復しました。25年たったいまでも薬は欠かせないものの、健康を回復できたのは妻の献身的な看護と支えがあったからこそと、感謝しています。

38歳のときに母親が、その2年後に父親が他界しました。両親の死とともに、20年以上にわたる金銭との闘いに終止符が打たれました。

いまふり返ると、両親それぞれに、幼い頃からさみしい思いを抱えての人生だったこと、それゆえ子供に対する愛し方に影があったことも、うなずけます。彼らなりに精一杯のふるまいだったことを鑑みながら、痛みを知る者として、せめてわが子には同じ思いをさせないことが自分の使命だと感じています。

思えば、娘を育てるなかでたくさんの出会いに恵まれました。落合恵子（作家・エッセイスト）の東京青山クレヨンハウス、増田喜昭の四日市メリーゴーランド、三輪哲の名古屋メルヘンハウスら、子どもの本の専門店が主催する「サマーカレッジ」と「あそびじゅつ」に、親子で6年間、12回参加しました。

永六輔、谷川俊太郎、五味太郎、長田弘、江國香織、金原瑞人、清水真砂子、灰谷健次郎など多彩な講師陣の講義とワークショップが、奥多摩や「伊勢おかげ横丁」などで2泊3日にわたって開かれます。

「今、最も輝いている人」として選ばれた「ときのひと」である魅力あふれる講師たちと大人が、学びの時間を過ごすその間、子どもたちは「こども学園」に入って、心と体を目いっぱい使った遊びに興じます。通常、宿泊を伴う勉強会に夫婦で参加するなら、誰かに子どもを預けることになります。すると、いま頃どうしているだろう？　と気がかりになりますが、いまこの瞬間もこども学園でのびのび過ごしていると思うと、安心して心おきなく学べます。親子ともにありがたい、画期的な催しでした。

こども学園は、いわゆる「躾」と称した大人のエゴや押し付けから解き放たれた場所です。きちんとしなさい、さっさとしなさい、といった強制は一切なく、子どもたちは「だあら、だあら、だあら……」と、あえて声をかけながらやってくるのです。

はじめてそれを見たときは、カルチャーショックでした。これまでの価値観を見直す大きなきっかけになりました。

当時小学1年生だった娘いわく、「こども学園は、世界でいちばん自由なところ」。子どもの人権について、深く考えさせられる時間でもありました。

1日の講義の締めくくりは、新澤としひこのコンサートライブ。「にじ」「友だちになるために」「初めの一歩」……など、いまでは全国の保育所や幼稚園の卒園式で歌われるようになった曲の数々に心洗われ、自分自身の人生が癒やされていくのを感じました。

こうして娘を育てながら、同時に「自分育て」をさせてもらったかけがえのない6年間でした。


生涯をとおして夢に描くのは、『NHK紅白歌合戦』の司会者をすることです。大学教授になったいまも変わらぬ、見果てぬ夢です。

年を締めくくる歌い納めとして、それぞれの歌手が万感をこめて歌い上げる、その情熱に、いつしか強く惹かれるようになりました。苦しみも哀しみも内包した人生への賛歌に、胸が打ち震えるほどの感動を覚えたのは、いくつのときだったでしょうか。

往年の名司会者山川静夫(元NHKアナウンサー、13回にわたって紅白歌合戦の司会を担当)

の曲紹介、とくに大トリの前説のセリフを一言一句暗唱できます。

数千枚の応募はがきを出し、東京渋谷NHKホールで家族三人、またある年は仲間も加わり、紅白歌合戦をライブで鑑賞するようになって30年近くになります。いま、一年でいちばん幸せな瞬間、それはNHKホールで家族とともにエンディングソングの「蛍の光」を歌うそのときです。

いつの日か、あの舞台で大トリを紹介する自分の姿を夢見ながら……。

私が中小企業、その経営者の方々に出会ったきっかけは、阪神・淡路大震災でした。経済団体「兵庫県中小企業家同友会」との出会いによって、企業の再建に協力することになったのでした。

自転車で被災企業を視察して廻る日々。

それまで中小企業「論」しか知らなかった私が、実際の経営を学ばせて頂くきっかけとなり、「真の」中小企業の実情と向きあう契機となりました。

田中信吾（日本ジャバラ工業㈱代表取締役社長）、澤田脩一（サワダ精密㈱代表取締役社長）をはじめとする経営者の方々は、それぞれに個性豊かで、企業理念に基づいた経営手腕をもち、人間としても心から尊敬する素晴らしい人たちです。これが本書の基盤となったことはいうまでもありません。

そして、東日本大震災……。

２０１１（平成23）年５月から月に一度、宮城県仙台市・石巻市・南三陸町を訪れ、被災状況の視察と復興支援の講演・研修をさせて頂いています。東北被災地の経営者の方々との交流は、まだ始まったばかりです。


中小企業家同友会との出会いと時を同じくして、現兵庫県立大学（旧神戸商科大学）への助教授としての奉職が決まりました。六年にわたるオーバードクターの期間を含め、一〇年余に及ぶ研究職としての不遇の時代は、経済的にも精神的にも落ち着かず、一時はあきらめかけていた大学での専任職だっただけに、喜びと安堵はひとしおでした。

それまで、常に温かい励ましで支え続けてくれたのは、中学からの親友、田中敦（現関西学院大学経済学部教授）です。不思議と彼とは、時に弱音も吐ける本音の付き合いができました。彼は、私の心が静まり穏やかになるような言葉を、いつもさりげなく手渡してくれる存在でした。

折しも２００４（平成16）年、サンテレビの番組に出演できる機会を得ました。そして３年後の2007(平成19)年、報道番組『ニュースシグナル』のレギュラーコメンテーターの仕事が舞い込んできました。専門の経済・経営の分野から、趣味が昂じて専門家としての意見を請われるようになった政治論をはじめ、さまざまなジャンルにわたるコメントを求められるなかで、さまざまな社会事象に対して真摯に向き合うこと、自身の考えをあらためて検証・整理することによって、発信する側としての責任にも思い至ることになりました。何より、幼い頃から大好きで憧れだった選挙報道に、『サンテレビ選挙開票速報』のコメンテーターとして携われたことは、このうえない喜びです。

長年のモデルは、『ニュースステーション』(テレビ朝日系列)の久米宏です。それまでにない斬新な切り口で、「ニュースをショーに」しました。

マスコミは、立法、行政、司法に次ぐ第四の権力といわれながらも、スポンサーに気を遣っている部分は、否めません。時の政権批判も含めて、リベラルな視点からきっちりとモノ申したのは、久米宏が最初だったように思います。

報道の在り方、そして自分自身の立ち位置を、彼によってはっきりと認識させられたのでした。彼の素晴らしさに感動するとともに、あまりにその姿がカッコよくて、羨望を超えた「しっと」さえ覚えた記憶があります。まことに、不遜なことですが。

2007（平成19）年末の『ニュースシグナル2007スペシャル』では、月曜から金曜までの5人のレギュラーコメンテーターが、それぞれの視点から1年をふり返りました。

その際、この仕事は自分にとって、まさに「喜び」そのものだと啓示に似たものを感じ、「天職」を意識しました。

そして2008（平成20）年の震災特別番組『ニュースシグナル追悼』では、神戸市灘区での自身の被災体験を踏まえ、地域復興、再生に向けての想いを述べさせて頂きました。

メインキャスターの谷口英明（株）サンテレビジョンアナウンス部長）から学んだことは多々あります。

物腰柔らかな人柄に加え、メモ魔と呼ばれる彼の、番組構成をベストにもっていくために、丹念に調べた情報を取捨選択する勇気。何より教えられたことは、報道コメントに「起承転結」は不要だということです。まず結論、そのあと数十秒と限られた時間内で、その根拠を説明すること。これまでの学者としての論法を変換させざるを得ない、大きな学びでした。コメントに関しての、彼の絶妙なフォローには何度も助けられ、支えられています。

2005（平成17）年からの4年間は、このほかにも幸せを心から実感する出来事に恵まれました。

2005（平成17）年3月5日、ウェディングセレモニー。

結婚式をしないままだった私たち夫婦のために、友人夫妻がサプライズで企画してくれたのでした。出会って25年。銀婚式になぞらえた結婚式は、母校関西学院中学部のチャペルで、恩師、友人、教え子たちに囲まれての感謝と至福の時間となりました。

家庭的に最も辛く苦しかった中学、高校時代を、ひととき青春の輝きに満たしてくれたのは友人たちであり、また、常に深い愛情をもって人格や能力を承認し続けてくれたのは、恩師の関西学院の先生方です。あらためて、人は人に支えられ、生かされていることを深く感じ、これまでの人生で関わったすべての人たちに感謝の思いがあふれ出ました。


思い返せば、学生時代は映画に明け、映画に暮れた青春でした。なかでも市川崑監督の『犬神家の一族』『悪魔の手毬唄』『獄門島』『女王蜂』などは、封切りとともに映画館でくぎ付けなりました。傍らには、関西学院中学部時代の映画研究会の発起人であり、現在は映画プロデューサーとして活躍中の一瀬隆重が、いつも一緒でした。

当時の夢は、いつかこれらの作品を自分たちの手で蘇らせることでした。そして2006（平成18）年秋、一瀬隆重プロデュースの『犬神家の一族』のリメイクが放映されました。主演の金田一耕助役は、もちろん石坂浩二。スクリーンのオープニングテロップに、「一瀬隆重」の名前が流れた瞬間、少年時代にタイムスリップしたかのように胸が締めつけられるような高揚感とともに、遂に夢を実現させた親友への深い敬愛の情が涙となって流れました。

大学教授として最も楽しいこと、それはゼミ生とのふれあいです。14年のあいだに、およそ160名のゼミ生を送り出してきました。

毎年、新ゼミ結成に際しては、現役生が面接を行ないます。

佐竹ゼミのモットーは、「人間力」をつけることです。人は人と関わるなかでこそ、磨かれます。合宿、コンパ、文化祭、ゼミ旅行……さまざまな体験を重ねるなかで、場に応じた人への気遣い、言葉がけ、行動力を身につけた学生たちは、見違えるように成長して巣立っていきます。毎年、卒業式に謝恩会の場で、彼らが手渡してくれる2年間のゼミ活動を綴った手作りのアルバムは、私にとって大切な宝物です。

ここに、佐竹隆幸のライフライン（人生曲線）を掲載させて頂きます。

縦軸のプラスは、楽しかったことや嬉しかったことを表し、上にいくほど幸福感が高まります。逆に縦軸のマイナスは、辛かったこと苦しかったことを表し、下にいくほどその度合いが大きくなります。横軸は時間軸で、年齢を表します。

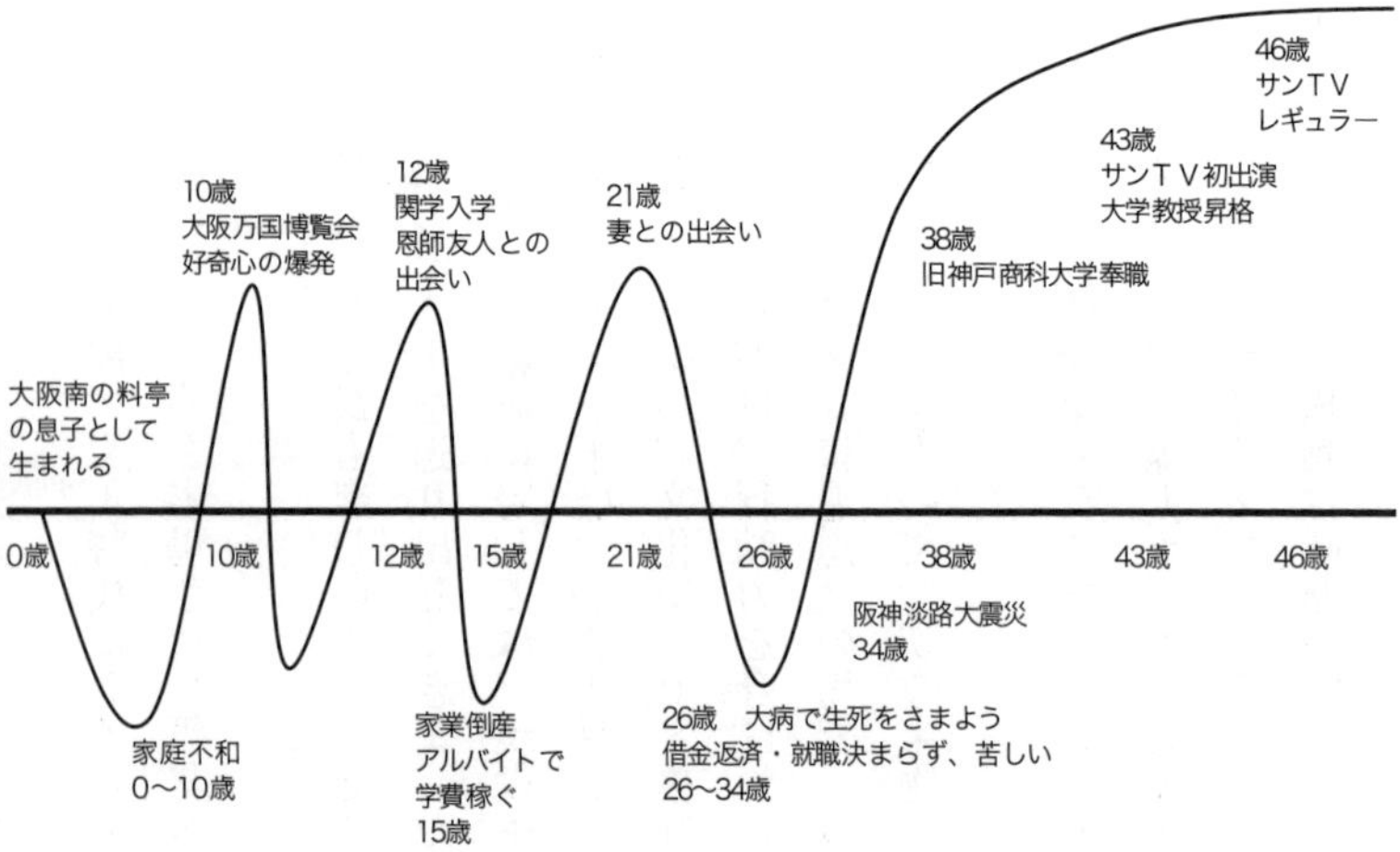

ふり返れば、「逃げない、投げない、あきらめない」で歩んできた人生です。影が濃ければ、また光も際立ち、苦難ゆえに、幸せの輝きにいっそう目を細める体験の連続だったように思います。奈落から花道へ、人生は苦くそして甘いものです。

東日本大震災に際して、約半世紀にわたり水俣病患者の苦悩を描いてきた作家石牟礼道子は、こう語っています。

「息ができなくなっていた大地が深呼吸をして、はあっとはきだしたのでは。死なせてはいけない無辜の民を殺して。文明の大転換期に入ったという気がする」「亡くなった人たちの魂が伝えようとしている遺言に向き合い、受け止めて立ちあがったとき、今までとは違った文明ができあが

るのではないか」（朝日新聞「人脈記」より）
この言葉の意味するところを、企業経営の観点から考えたとき、何ができるかです。文明の大転換期に突入したいまこそ、企業のコンプライアンス、つまり守るべきモラルを守り、社会に対する責任を果たしていくことが、真に望まれているのではないでしょうか。さらには、人と人がお互いの幸福を尊重し合えるような文明社会を築いていくために、企業としてどう貢献していけるのか、その可能性を真摯に考え、経営理念や方向性をあらためて明確にすることがたいせつでしょう。経営者自身が、人間としてより高いステージに向けて共に進んでいけることを願いながら、筆を擱きます。

（文中敬称略）

＊本書の刊行にあたっては、つぎの方々に多大なるお世話をいただきました。ここに謝意を表します。
川瀬裕弘氏、太田育宏氏……いずれも関西学院中学部時代からの友人です。
小寺倫明氏（兵庫県立大学大学院経営研究科准教授）、長谷川英伸氏（兵庫県立大学大学院経営学研究科博士課程）、山下紗矢佳氏（兵庫県立大学大学院経営学研究科博士課程）。

◎著者紹介

佐竹隆幸（さたけ　たかゆき）

兵庫県立大学大学院経営研究科教授。経営研究科長。博士（経営学）

1960（昭和35）年大阪市生まれ。関西学院大学経済学部卒業、関西学院大学大学院経済学研究科修了。神戸商科大学商経学部経営学科助教授、兵庫県立大学（旧神戸商科大学）経営学部事業創造学科教授を経て、2010年から現職。専門は、中小企業経営、中小企業政策、地域企業の育成と地域経済の振興、企業間連携・産学公連携の経済効果。日本中小企業学会常任理事・事務局長。

阪神・淡路大震災後、兵庫県内中小企業を調査・研究。さらには東日本大震災の震災復興支援活動として、月に1度、現地で経営支援のための講演、研修を行なう。企業の連携や経営革新、経営品質などのテーマで全国で講演・研究活動等を展開。サンテレビ「キラリけいざい」、「選挙報道特別番組」のレギュラーコメンテーターとして活躍中。

〈主な役職〉

兵庫県公社等経営評価委員会委員長、兵庫県ひょうご地域金融懇話会座長、兵庫県中小企業家同友会経営環境改善委員会委員、ひょうご産業活性化センター評議員、神戸商工会議所第二創業を目指す企業家の集い座長、尼崎市ものづくり雇用創造促進協議会会長、尼崎市地域産業活性化協議会会長、尼崎地域産業活性化機構尼崎経営塾コーディネーター、神戸信用金庫ビジネスクラブ産学連携研究会座長、全国指定自動車学校経営協議会青年会顧問、その他多数。

〈主な著書〉

編著書『中小企業論の新展開—共生社会の産業展開—』八千代出版（2000年6月）、編著書『中小企業のベンチャー・イノベーション』ミネルヴァ書房（2002年12月）、著書『中小企業存立論』ミネルヴァ書房（2008年4月）。

〔編集協力〕
中山秀樹（株式会社ＨＲＳ総合研究所）
安達正志（株式会社安曇出版）
舛本哲郎（フリーエディター）

「地《ち》」的経営《てきけいえい》のすすめ

2012 年 3 月 30 日　第 1 版第 1 刷発行
2014 年 7 月 22 日　第 1 版第 2 刷発行

著者 ―― 佐竹隆幸《さたけたかゆき》
発行者 ―― 山下俊一
発行所 ―― 神戸新聞総合出版センター
〒 650-0044　神戸市中央区東川崎町 1 － 5 － 7
TEL 078-362-7140 ／ FAX 078-361-7552
http://www.kobe-np.co.jp/syuppan/
編集担当／岡　容子
装丁／クリエイティブ・コンセプト
印刷／株式会社チューエツ

ISBN978-4-343-00676-9　C0034